Im Tod ist das Leben

AF648209

Dominik Daschner

Im Tod ist das Leben

Ansprachen zu Beerdigung und Aussegnung

Verlag Friedrich Pustet
Regensburg

Bibliografische Information der Deutschen Nationalbibliothek

Die Deutsche Nationalbibliothek verzeichnet diese Publikation in der Deutschen Nationalbibliografie; detaillierte bibliografische Daten sind im Internet über http://dnb.dnb.de abrufbar.

ISBN 978-3-7917-2911-4
© 2017 by Verlag Friedrich Pustet
Umschlaggestaltung: Atelier Seidel, Neuötting
Umschlagmotiv: © iStockphoto/Chalabala
Satz: Martin Vollnhals, Neustadt a. d. Donau
Druck und Bindung: Friedrich Pustet, Regensburg
Printed in Germany 2017

Diese Publikation ist auch als E-Book erhältlich:
eISBN 978-3-7917-6114-5 (epub)

Weitere Publikationen aus unserem Verlagsprogramm finden Sie auf www.verlag-pustet.de

Gewidmet den Verstorbenen
und ihren Hinterbliebenen,
denen die hier vorgelegten Predigten galten
und die ich in ihrem Sterben und in ihrer Trauer
seelsorglich begleiten durfte.

Inhalt

ANSPRACHEN MIT BEZUG ZUM BERUF ODER HOBBY DER/DES VERSTORBENEN

ANSPRACHEN BEI BESONDERS TRAGISCHEN STERBEFÄLLEN

KURZANSPRACHEN ZUR AUSSEGNUNG

Vorwort

„Ja, du bist heilig, großer Gott, und alle deine Werke verkünden dein Lob", so betet die Kirche immer wieder an herausgehobener Stelle, im Post-Sanctus des Dritten Hochgebets. Alle Werke lassen etwas von ihrem Schöpfer erkennen; und wenn sie gut gelungen sind, gereichen sie ihm zu Lob und Ehre. Das vorzüglichste Schöpfungswerk Gottes ist sicher der Mensch, was den hl. Irenäus von Lyon zu der markanten Aussage veranlasst hat: „Die Ehre Gottes ist der lebendige Mensch."

Nicht nur durch Gottesdienst und Gebet, mit seinem ganzen Leben verherrlicht der Mensch Gott, verkündet er auf diese Weise sein Lob, wenn er entsprechend lebt. Und von dieser Lebensgeschichte einer/eines Verstorbenen ist deshalb in der Ansprache bei ihrer/seiner Bestattung zu reden, wie auch die Pastorale Einführung zum Rituale-faszikel *Die kirchliche Begräbnisfeier* in der Nr. 53 unterstreicht, wenn diese als Inhaltsangabe zur Homilie bei Begräbnisgottesdiensten neben der Auslegung des Wortes Gottes ausdrücklich erwähnt: „Sie kann auch das Leben des Verstorbenen mit einbeziehen."

In der Begleitung von Trauernden kann man staunen lernen: über die Lebensgeschichten vieler Verstorbener, die erkennen lassen, wie wunderbar Gott den Menschen geschaffen hat und wie wunderbar er am Menschen handelt; aber auch, auf welch unterschiedliche Weise Gott durch Menschen Gutes wirkt und so sein Heilswerk in dieser Welt vollzieht. Darum ist in der Predigt bei einer christlichen Bestattung von der Biografie der/des Verstorbenen, von ihrem/seinem Leben und Arbeiten, ihrem/seinem Tun und Lassen zu reden; dabei sind Verknüpfungen zwischen ihrer/seiner Lebensgeschichte und dem Wort Gottes, jenes von ihr/ihm gelebte und verwirklichte Stück Evangelium, aufzuzeigen. Zu dieser Art, biografisch zu predigen, wollen die hier vorgelegten Ansprachen animieren.

Natürlich darf die Predigt dabei nicht zu einer bloßen „Lobrede auf den Verstorbenen" verkommen, wie dieselbe Nr. 53 der Pastoralen Einführung mahnend in Erinnerung ruft.[1] Eine vorweggenommene

1 So auch die Allgemeine Einführung in das Römische Messbuch, Nr. 338 bzw. die Grundordnung des Römischen Messbuchs. Vorabpublikation zum Deutschen Messbuch (3. Auflage). Arbeitshilfen 215. Bonn 2007, Nr. 382.

Seligsprechung der/des Toten, die nur das Positive an ihr/ihm herausstreicht und auch noch entsprechend überhöht, die negativen Seiten ihrer/seiner Person jedoch verschweigt, ist zu vermeiden. Aber vom Leben der/des Verstorbenen ist zu sprechen.

Was auf die liturgischen Texte bei der Feier von Heiligen zutrifft, gilt analog auch im Blick auf Verstorbene und die Ansprache bei ihrer Bestattung. Wir loben nicht den betreffenden Menschen für seine herausragenden Leistungen. Das Lob gilt vielmehr Gott für das, was er an diesem Menschen und durch ihn Gutes gewirkt hat. Was in einem Menschenleben gelungen ist, wo sie/er in Übereinstimmung mit dem Willen Gottes gelebt hat, worin sie/er ein Stück Evangelium verwirklicht hat, worin durch sie/ihn etwas von jenem Leben aufgeleuchtet ist, wie Gott es gedacht hat, das darf in der Predigt anerkennend benannt, also gelobt werden.

Aber eben nicht nur Gelungenes, auch Scheitern und Versagen im Leben der/des Verstorbenen dürfen benannt werden. Auch diese dunkle Seite in menschlichen Biografien tritt natürlich in der Trauerpastoral immer wieder zutage; sie ist mit Bedauern, manchmal auch mit Entsetzen wahrzunehmen. Auch dies darf in der Bestattungspredigt benannt werden, freilich nie wertend, be- oder gar verurteilend und selbstverständlich mit der gebotenen Diskretion. Das letzte Urteil über einen Menschen haben wir Gott zu überlassen. Vom Prediger sind solche Punkte in der Biografie eher nach Verständnis dafür suchend einzubringen; mit der Frage, warum das vielleicht bei der/dem Betreffenden so geworden ist.

Alle hier vorgelegten Ansprachen sind nicht am Reißbrett entworfen. Zugrunde liegen jeweils konkrete Sterbefälle, wie sie das Leben in einer durchschnittlichen bayerischen Pfarrgemeinde in ländlich-kleinstädtischem Milieu eben so schreibt. Die Predigten entstammen allesamt meiner langjährigen homiletischen Praxis in der Bestattung Verstorbener und der Begleitung ihrer Hinterbliebenen. Ihnen und ihrem Andenken ist dieses Buch gewidmet.

Gedruckte Predigten sind schriftlich festgehaltene, gesprochene Sprache. Dieser Sprachstil, der sich teilweise auch umgangssprachlicher Ausdrücke oder Formulierungen im hiesigen Dialekt bedient, ist für die Veröffentlichung bewusst so beibehalten worden, um die Lebendigkeit der Rede auch in der schriftlichen Form zu erhalten. Auch manches Lokalkolorit in den Ansprachen lässt ihre Herkunft aus dem Niederbayerischen erkennen.

Aus lebendiger Predigttätigkeit erwachsen, haben die in diesem Buch vorgelegten Ansprachen natürlich auch Anregungen, gelungene Formulierungen und Ideen anderer mit aufgenommen und verarbeitet, die nicht mehr im Einzelnen durch Belegstellen nachgewiesen werden können. Für diesen lebendigen geistlichen Austausch sei an dieser Stelle ausdrücklich allen gedankt, die auf diese Weise mit zu diesem Buch beigetragen haben.

Neben Beispielen für die Predigt im Rahmen des Requiems für eine/einen Verstorbene(n) bietet das Buch auch Kurzansprachen für die Aussegnung, also für eine Feier der Verabschiedung im Vorfeld der eigentlichen Bestattung. Diese können aber ebenso gut bei Bestattungen Verwendung finden, die nur am Friedhof als Trauerfeier ohne Messe gehalten werden, bei der nur ein kurzes Predigtwort möglich ist.

P. Dominik Daschner OPraem

Ansprachen bei der Bestattung alter Menschen

Wohin soll ich mich wenden?

Mit 73 Jahren starb ein lediger und kinderloser einfacher Arbeiter, aus kleinen Verhältnissen stammend, der sein Leben lang anspruchslos und bescheiden gelebt hat. In Glaube und Gottesdienst war er fest verwurzelt. Da er nicht lesen konnte, waren ihm in der Eucharistiefeier jene Lieder am liebsten, die er auswendig mitsingen konnte, zum Beispiel die Schubert-Messe. Die Predigt versucht, sein Leben mit Textpassagen aus dieser Messe zu deuten.

Lesung: Mi 6,6–8
Evangelium: Mk 12,28–34

„Wohin soll ich mich wenden, wenn Gram und Schmerz mich drücken, wem künd' ich mein Entzücken, wenn freudig pocht mein Herz?", so haben wir zu Beginn mit dem Eingangslied der Schubert-Messe gesungen. Als Christen kommen wir mit Freud und Leid zu Gott: „zu dir, o Vater", wie sich die Schubert-Messe ihre Eingangsfrage selbst beantwortet. Heute treten wir vor Gott in Trauer über einen Menschen, der uns im Leben wertvoll war: als Bruder und Schwager, als Onkel, als ehemaliger Arbeitskollege und Nachbar, als lieber Mitbürger und praktizierender Mitchrist.

Dass wir zu seinem Requiem Teile aus der Schubert-Messe singen – ich denke, das hätte *N. N.* gefallen. Denn die hat er gemocht, weil er sie auswendig mitsingen konnte; da brauchte er kein Gebetbuch für den Text. Denn Bücher, Lesen und Schreiben, das war nicht seine Welt. Unser Verstorbener war ein ganz einfacher, aber ein aufrechter, ehrlicher Mensch und Arbeiter.

In *N.* ist *N. N.* am *[Datum]* zur Welt gekommen und mit sechs Geschwistern aufgewachsen; eine weitere Schwester ist schon als kleines Kind gestorben. Zusammen mit seiner Familie, mit seinen Geschwistern ist er in den 1960er-Jahren nach *N.* auf den *N.*-Hof gekommen, weil das elterliche Anwesen in *N.* der Kläranlage weichen musste. Seine Geschwister sind auch dort seine Familie geblieben, denn eine eigene Familie hat Ihr Bruder und Onkel nie gegründet.

Nach seiner Schulzeit kam er zunächst als Arbeitskraft zu den Bauern der Umgebung. Später war er als Arbeiter bei der Skifirma *N.* beschäftigt. Dort ist er bis zu seiner Rente an der Fräsmaschine gestanden und hat die Holzrohlinge für die Produktion von Langlaufskiern zugerichtet. In der Rente dann, von 1999 bis 2009, hat er noch bei der Bestattungsfirma *N.* mitgearbeitet. *N. N.* war ein guter und zuverlässiger Arbeiter; einer, der keine Arbeit gescheut hat.

Neben seiner Arbeit hat er ein bescheidenes und einfaches Leben geführt: in seiner kleinen Wohnung auf dem Hof von Familie *N.* in *N.*, wo er die letzten 15 Jahre gelebt hat, mit Freude an seinem kleinen Fischweiher, den er dort hatte. Als im Juli 2011 bei ihm Krebs festgestellt wurde, ist er aus eigenem Entschluss ins Seniorenheim umgezogen, was nach seiner Aussage das Beste für ihn war. Denn dort war er gut versorgt, und alles war für ihn bestens geregelt. Vom Heim aus hat *N. N.* die erste Zeit noch rege am Leben im Ort und in der Pfarrei teilgenommen, sich für alles interessiert, was sich in *N.* tut. So hat er zum Beispiel Tag für Tag den Baufortschritt bei Turnhalle und Kindergarten genau verfolgt, bis ihm seine Krankheit immer mehr zu schaffen gemacht hat. Am vergangenen Freitag ist er daran im Alter von 73 Jahren gestorben, ist er eingegangen in den ewigen Frieden, an den Ort, den der Glaube unseren Wegen „als sich're Ziel verleihet", wie es im Text der Schubert-Messe heißt.

Liebe Schwestern und Brüder, man kann in den Liedern der Schubert-Messe so etwas wie ein Kompendium unseres christlichen Lebens, Glaubens und Hoffens entdecken, verdichtet in Vers- und Liedform. So heißt es zum Beispiel im Gabenbereitungslied: „Du gabst, o Herr, mir Sein und Leben." Als Glaubende wissen wir, dass wir unser Leben aus Gottes Schöpferhand empfangen haben. Dessen war sich auch unser verstorbener Bruder bewusst. Er hat im Glauben an seinen Schöpfer und in Ehrfurcht vor ihm gelebt, hat im Gebet und in der Mitfeier der Gottesdienste mit eingestimmt in das Lob auf den „Gott in der Höhe", den „Vater der Welten", wie das Gloria der Schubert-Messe dichtet. Im Glauben an Gott war er fest daheim.

Von der Lehre Jesu, von seiner Botschaft, hat sich *N. N.* den Maßstab für sein Handeln vorgeben lassen – von seiner „Lehre himmlisch' Licht", wie es im Gabenbereitungslied der Schubert-Messe heißt. Im Licht des Evangeliums hat er sein Leben gestaltet: die Gottes- und

Nächstenliebe beherzigt, die uns Jesus gelehrt hat, die er uns als Zusammenfassung des ganzen göttlichen Gesetzes ans Herz legt.

Dass wir Menschen das aber immer nur unvollkommen zustande bringen, das klingt in derselben Zeile des Liedes an, wenn da vom Menschen gesungen wird als: „ich Staub". Damit ist nicht nur unsere körperliche Hinfälligkeit gemeint, unsere Vergänglichkeit im Tod, sondern auch unsere Schwachheit im Durchhalten des Guten, unsere Anfälligkeit für das Böse, für die Sünde, unsere menschliche Schwäche insgesamt. Die hat es sicher auch bei *N. N.* gegeben. Nicht immer ist sein Leben in so geordneten Bahnen gelaufen wie die letzten Jahrzehnte.

Angesichts dieser Schwachheit des Menschen fragt der Text der Schubert-Messe, was der Mensch dann Gott eigentlich geben kann. Wir können Gott ja letztlich nichts schenken, was ihm als Schöpfer von allem nicht schon längst gehören würde, was der Größe und Herrlichkeit dessen etwas hinzufügen könnte, „der nie begonnen, der immer war, der ewig ist und waltet", der „sein wird immerdar", wie es im Sanctus der Schubert-Messe anklingt. Wir können nur unser Tun und Denken, unser Arbeiten, Leid und Freude vor ihn bringen und ihm darin unsere Hingabe zeigen. So wie es im Gabenbereitungslied der Schubert-Messe heißt: „Mich selbst, o Herr, mein Tun und Denken und Leid und Freude opfr' ich dir."

Dass ich also versuche, mit meinem Tun und Arbeiten ein ordentliches Leben zu führen, wie Gott es will, darin etwas von der Hingabe- und Opferbereitschaft Jesu nachzuahmen, in seine Hingabe für andere mit einzusteigen und alles, was ich erlebe, in Gebet und Gottesdienst in Verbindung mit Gott zu bringen. So wie es in der Lesung aus dem Buch Micha geheißen hat: „Es ist dir gesagt worden, Mensch, was gut ist und was der Herr von dir erwartet: … Recht tun, Güte und Treue lieben, in Ehrfurcht den Weg gehen mit deinem Gott" (Mi 6,8). Dieses „Herzensopfer", wie es im Text der Schubert-Messe genannt wird, das können wir vor Gott bringen, dass er es durch seinen Sohn annimmt. Das ist es, was wir Menschen Gott geben können: unser dankbares Ja zu ihm. Das hat unser verstorbener Bruder im Glauben immer wieder getan: durch sein ehrliches, bereitwilliges Arbeiten, in der regelmäßigen Mitfeier der Gottesdienste, am Sonntag sowieso, aber auch am Werktag. Selbst eine Woche vor seinem Tod – schon schwer mitgenommen von seiner Krankheit – hat er noch die Messe in der Hauskapelle im Seniorenheim mitgefeiert und dabei die Kommunion empfangen.

Letztlich, liebe Schwestern und Brüder, können wir vor Gott nichts anderes und nichts Besseres tun, als dankbar die Liebe Gottes annehmen, dankbar im Glauben das aufgreifen, was Gott in seinem Sohn zu unserer Rettung getan hat. „Nur danken kann ich, mehr doch nicht“, heißt es dazu in der Schubert-Messe. Nichts anderes will Gott von uns als die Erwiderung seiner Liebe; unsere Liebe, „dankerfüllte Liebe“, wie es in der Schubert-Messe heißt.

Dann werden wir mit unserem Leben sicher an jenes Ziel gelangen, das der Glaube unseren irdischen Wegen verleiht, wie wir es im Eingangslied der Schubert-Messe gesungen haben. Dieses Ziel hatte Ihr verstorbener Bruder und Onkel sein Leben lang fest vor Augen. Er ist am Ende ganz bewusst darauf zugegangen, hat alles für seine eigene Beerdigung geregelt, sich bewusst ausgesöhnt, wo er das Gefühl hatte, dass da in der Beziehung zu einem Mitmenschen noch etwas Unerledigtes aus der Vergangenheit ist, und hat sein Leben in dem Gefühl, dass es jetzt genug ist, vertrauensvoll in die Hände seines Schöpfers zurückgelegt.

So dürfen wir gläubig darauf vertrauen, dass *N. N.* jetzt an diesem ewigen Ziel angelangt ist, in jenem „Himmelsfrieden“, von dem das Agnus Dei der Schubert-Messe singt.

Sanduhr und Seelenwaage

Nach zehn Jahren mit fortschreitender Demenz verstarb mit 77 Jahren ein einst erfolgreicher Kaufmann im Außendienst, der neben seinem Beruf zahlreiche andere Talente in sich vereinte. Unter anderem war er ein begnadeter Schnitzer. Ein von ihm selbst geschnitztes Holzkreuz, das ihn durch viele Stationen seines Lebens begleitet hatte, wurde ihm mit in den Sarg gegeben.

Lesung: Koh 3,1–11
Evangelium: Joh 6,37–40

Auf alten Grabmonumenten oder auch auf Bildern, die den Tod thematisieren, ist häufig eine Sanduhr zu sehen. Die Sanduhr ist ein sehr anschauliches Bild für unsere verrinnende Lebenszeit. Die Zeit fließt dahin. Ständig rinnt der Sand aus dem oberen Stundenglas durch die kleine Öffnung nach unten. So vergeht unsere Lebenszeit. Alles in unserem Leben hat mit der Zeit zu tun, ist eingebunden in die dahinfließende Zeit.

Alles, was es im Leben so gibt, hat seine Zeit. Davon spricht der Prediger Kohelet in der Lesung: „Alles hat seine Stunde. Für jedes Geschehen unter dem Himmel gibt es eine bestimmte Zeit" (Koh 3,1). Eine Zeit zum Geborenwerden und Hineinwachsen ins Leben, eine Zeit der vollen Lebenskraft zum Schaffen und auch eine Zeit zum Absterben. Für Ihren Mann, für Ihren Vater und Opa war am vergangenen Samstag die Zeit zum Sterben gekommen.

Dass der Sand im Stundenglas seiner Lebensuhr zur Neige geht, das war in den letzten Jahren deutlich zu sehen. Die letzten gut zehn Jahre seines Lebens waren, bedingt durch seine Demenzerkrankung, ein langsames Immer-weiter-Weggehen; ein langgezogener Abschied von dem Menschen *N. N.*, wie man ihn kannte, was er früher einmal war; wenn nach und nach Fähigkeiten, Talente und dann sogar elementarste Lebensvollzüge verloren gehen, die Möglichkeit zur Beziehungsaufnahme mehr und mehr wegbricht. Sehr lange haben es Sie, liebe Frau *N.*, möglich gemacht, dass Ihr Mann daheim in seiner gewohnten

Umgebung bleiben konnte, in das Leben rund um ihn herum weiter einbezogen wurde. Anfang September ging das dann nicht mehr, so dass er ins Seniorenheim umziehen musste. Dort ist *N. N.* nun gestorben, ist das letzte Körnchen seiner Lebenszeit durch die Sanduhr gelaufen.

Doch, liebe Schwestern und Brüder, der Blick auf die Sanduhr führt uns nicht nur unsere verrinnende Lebenszeit vor Augen, wir sehen am unteren Glas der Sanduhr zugleich, was wir von unserem Glauben her hoffen dürfen. Der Sand, der durch das Glas gelaufen ist, wird aufgefangen. Unsere Lebenszeit ist von Gott gehalten. Alles das, was das Leben eines Menschen ausgemacht hat, womit er seine Zeit ausgefüllt hat, das läuft im Tod nicht aus, es wird aufgefangen von Gott und ist somit bewahrt bei Gott. In diese Richtung geht auch der Spruch, den Sie auf das Sterbebild für Ihren Ehemann und Vater haben drucken lassen: „Mit dem Tod eines Menschen verliert man vieles, niemals aber die gemeinsam verbrachte Zeit."

Die miteinander erlebte Zeit geht nicht verloren, sie bleibt aufbewahrt. Um wie viel mehr wird das dann bei Gott gelten! Bei Gott ist die Lebenszeit Ihres Mannes und alles das, was sein Leben ausgefüllt und ausgemacht hat, aufgehoben.

Sein nicht ganz leichter Start ins Leben, als seine Mutter starb, als er selber erst 13 Jahre alt war und er von da an bei seiner großen Schwester in Nürnberg aufgewachsen ist.

Sein Leben in der Familie als Ehemann, mit dem Sie mehr als 50 Jahre verheiratet waren und sich so gut über Gott und die Welt austauschen konnten; als Vater und Opa für seine Tochter *N.* und seine Enkelin *N.*

Auch sein reiches Berufsleben als Kaufmann im Außendienst – zunächst für *N.*-Kaffee, später für die Limonadenfirma *N.* in *N.* und zuletzt als Verkaufsleiter für die Brauerei *N.* –, wodurch er viel herumgekommen ist. Bei seinen Kunden war er durch seine ruhige und witzige Art sehr beliebt. Die Motivation für seine Tätigkeit war ihm dabei immer: Ich muss mich anstrengen und einsetzen, damit die Menschen in den Firmen, die ich vertrete, Arbeit haben. Und stolz war er, dass er als Kaufmann immer ehrlich gearbeitet hat, niemanden über den Tisch gezogen hat oder mit unlauteren Methoden an Aufträge gelangt ist. Ein ehrlicher Kaufmann. Darauf wird Gott mit Wohlgefallen schauen.

Bei Gott aufbewahrt bleiben auch die vielen anderen Talente, die im Leben von *N. N.* zur Entfaltung gekommen sind: sein großes Talent als Hobbyschnitzer, als Sammler alter Dinge, die er in seinem Museumskeller zusammengetragen hat, im Handballsport, als großer Liebhaber und Kenner des Bayerischen Waldes.

Alles das an Lebenszeit und Lebensinhalt ist nun durch die Sanduhr seines Erdenlebens gelaufen. In dieser Welt und für uns ist es abgelaufen – im doppelten Sinn des Wortes: was im Leben von *N. N.* abgelaufen ist, sich in seinem Leben zugetragen hat, und was nun unwiederbringlich vorbei ist. Doch bei Gott ist all das aufbewahrt, ist es nun Ewigkeit geworden. Unser Tun in dieser Zeit ist das Material für die Ewigkeit. Darum ist unser Tun und Lassen in dieser Welt und Zeit auch nicht belanglos. Es wird von Gott angeschaut werden im Gericht und wird dort zählen. Darum kann Kohelet am Ende seiner langen Aufzählung dessen, wofür in unserem menschlichen Leben Zeit ist, sagen, dass Gott in all das schon die Ewigkeit hineingelegt hat.

Und Jesus bestärkt uns in diesem Gedanken, wenn er im Evangelium sagt, er sei gekommen, dass er den Willen des Vaters tue. Der Wille seines himmlischen Vaters sei es aber, „dass ich keinen von denen, die er mir gegeben hat, zugrunde gehen lasse, sondern dass ich sie auferwecke am Letzten Tag“ (Joh 6,39). Keiner, dessen Zeit in dieser Welt abgelaufen ist, soll also im Tod verloren gehen. Dazu ist Jesus in die Welt gekommen. Wie den durchgelaufenen Sand in der Sanduhr fängt Gott durch ihn unser Leben auf.

Gott, der außerhalb der Zeit lebt, umfängt Zeit und Ewigkeit. Sein ist unser Heute in dieser irdischen Zeit, sein ist die Zukunft, sein die Ewigkeit.

Beim Requiem sehen wir die Osterkerze vor uns. In der Osternacht ist sie als Zeichen der Auferstehung entzündet worden mit den Worten: „Christus gestern und heute, Anfang und Ende, Alpha und Omega. Sein ist die Zeit und die Ewigkeit. Sein ist die Macht und die Herrlichkeit in alle Ewigkeit.“ Die Osterkerze steht deshalb heute wie eine Verheißung vor uns da: die Verheißung von Auferstehung und ewigem Leben. Auf diesen Glauben ist unser Verstorbener getauft worden. Und immer wieder blitzt dieser Glaube in seinem Leben auf: etwa wenn er ein Kreuz geschnitzt und dabei intensiv um die richtige Haltung und den Gesichtsausdruck des Gekreuzigten gerungen hat. Dieses Holzkreuz hat ihn begleitet: im Wohnzimmer seines Hauses, im Zimmer im Seniorenheim und zuletzt als Beigabe im Sarg, auf dass

Christus ihn daran als einen der Seinen erkennen möge, die der himmlische Vater ihm gegeben hat.

Jesus Christus und seiner Macht über Zeit und Ewigkeit, über Leben und Tod vertrauen wir Ihren Ehemann, Ihren Vater und Opa heute an. Christus möge seine österliche Erlösungstat für ihn bei dem anderen Symbol, das wir auf Bildern des Todes häufig sehen – bei der Seelenwaage –, als Gewicht in die Waagschale werfen, wie wir das, unserer menschlichen Schwachheit wegen, alle nötig haben, damit sich die Waage des Letzten Gerichts für *N. N.* auf die Seite von Auferstehung und ewigem Leben neigen möge.

Aufblühen unter dem grünen Daumen Gottes

Mit 81 Jahren verstarb ein ehemaliger Gleisbauarbeiter und Nebenerwerbslandwirt. Er war ein großer Pflanzenliebhaber und hatte einen grünen Daumen für alles, was wächst und blüht. An seinem Wohnort war er äußerst engagiert in der Gemeinde und ihren Ortsvereinen. Schwere Schicksalsschläge im Leben hat er im Glauben an Gott verarbeitet.

Lesung: 2 Tim 4,1–8
Evangelium: Mt 6,25–33

Es gibt bei uns kaum eine Beerdigung, bei der nicht Blumen eine wichtige Rolle spielen: die blumengeschmückten Kränze, die wir unseren Verstorbenen aufs Grab legen, die bunten Grabgestecke, die Rosen, die wir einem lieben Angehörigen als Zeichen unserer Zuneigung ins offene Grab werfen. Mitten im Tod etwas Lebendiges als Ausdruck unserer Hoffnung für ein Leben über den Tod hinaus.

Blumen sprechen eine eigene Sprache. Sie bringen Farbe ins Leben. Sie sprechen zu uns von der Fülle des Lebens. Die bunten Blumen sind ein Zeichen der Hoffnung in den Dunkelheiten unseres Lebens. Blumen bringen zum Ausdruck, was sich mit Worten oft so schwer sagen lässt: einen Dank, eine Bitte um Vergebung, eine unausgesprochene Hoffnung. Mit ihrem Aufgehen, dann der vollen Blütenpracht und schließlich dem Welken sind Blumen zugleich ein Sinnbild für unser menschliches Leben.

Ihr verstorbener Ehemann und Vater hat zeit seines Lebens Blumen und Pflanzen sehr gern gehabt, das war sein großes Hobby. Das Anwesen am *N.*-Hof bei *N.*, wohin er durch die Hochzeit mit seiner Frau *N.* im Jahr 1957 gekommen war, das hat er in ein Blumenparadies verwandelt, das war ein wahres Schmuckkästchen. Zu seinem 75. Geburtstag haben Sie ihm ein Treibhaus gebaut, in dem er seinem Hobby mit viel Freude und Erfolg nachgegangen ist. Und auch nach dem Umzug nach *N.* vor gut einem Jahr hat er in und um sein neues Haus wieder eifrig Blumen gezogen und gepflanzt.

Dieses Hobby und auch die Arbeit in der kleinen Landwirtschaft am *N.*-Hof, die Sie, Frau *N.*, eine Zeitlang mit Ihrem Mann nebenher betrieben haben, wo er am Wochenende mitgeholfen hat, wenn er von Montage zurückgekommen war, dieser Umgang mit etwas Lebendigem, das war für unseren Verstorbenen wohl ein guter Ausgleich zu seinem Beruf, wo er vor allem mit technischen Dingen und unbelebtem Material zu tun hatte: zuerst als gelernter Schmied und dann viele Jahre lang, bis zu seiner Rente, bei der Bahn als Kranführer des Bauzugs beim Gleisbau. Da war sein Blumenhobby eine willkommene Abwechslung. Und darin hat *N. N.* wahrhaft einen grünen Daumen bewiesen. Wenn man ihm eine schwächliche, kränkelnde Pflanze gebracht hat, bei ihm ist sie wieder aufgeblüht.

Und nicht nur bei Pflanzen hat Ihr Bruder und Schwager getan, was dem Leben guttut, was Leben aufblühen lässt. Auch im Umgang und im Zusammenleben mit seinen Mitmenschen hat er das auf vielfache Weise erkennen lassen. Da tut auch die eine oder andere gelegentliche Eigensinnigkeit, von der Sie mir erzählt haben, nichts weg. Durch seine Treue und Verlässlichkeit in der Familie zum Beispiel. 55 Jahre ist er in Treue seiner Ehefrau verbunden gewesen. Als ein verlässlicher Vater mit einem weichen Kern hinter einer manchmal rauen Schale, wie Sie mir Ihren Vater beschrieben haben, und mit seinem gelebten Vorbild hat *N. N.* seine beiden Kinder *N.* und *N.* auf dem Weg ins Leben begleitet und sie geprägt. Ein großer Schmerz für ihn als Vater war es deshalb, den frühen Tod seiner Tochter *N.* als junge Ehefrau und Mutter erleben zu müssen – und vor drei Jahren den Unfalltod seines Enkels *N.* Da hat das Leben Wunden gerissen. Manche Blumen, so schön sie sind, tragen eben auch Dornen.

Trotz dieser Schicksalsschläge ist *N. N.* nicht verbittert oder hat sich enttäuscht vom Leben zurückgezogen. In seiner hilfsbereiten, gewissenhaften und freigebigen Art hat sich unser verstorbener Bruder im Glauben gern einspannen lassen für Belange der Allgemeinheit und hat damit viel Gutes beigetragen zum Leben der Pfarrei, in der *N.*er Dorfgemeinschaft und im dortigen Vereinsleben: so zum Beispiel als Helfer beim Pfarrfest, bei der Kirchenbesucherzählung, beim Aufstellen des Veranstaltungskalenders der Gemeinde, als Gruppenführer bei der Freiwilligen Feuerwehr *N.*, als Mitglied beim Heimat- und Wanderverein und beim ESV *N.*, zwischenzeitlich auch beim Männergesangsverein *N.*, eine Zeitlang sogar als dessen Vorstand, und natürlich vor allem beim EC *N.*, wo *N. N.* 40 Jahre lang Vorstand war und sich aufopfernd um den Verein gekümmert hat. In Anerkennung dieser Verdienste hat ihn der Verein zum Ehrenvorstand ernannt.

Liebe Trauergemeinde, unser Verstorbener hat auf diese Weise vieles getan, was dem Leben dient, damit menschliches Leben blühen kann, damit es schön ist und Früchte trägt. Darauf wird Gott sicher mit Wohlwollen und Anerkennung schauen, der doch ein Gott des Lebens ist und für alle seine Geschöpfe Leben will.

Der Maler Emil Nolde stellt Gott deshalb auf einem seiner Bilder als einen großen Gärtner dar. Von oben beugt sich der Gärtner auf dem Bild über ein Blumenbeet herab; ganz nahe ist er mit seinem Gesicht über den Blüten, so als würde er sie anhauchen oder liebevoll mit ihnen sprechen, um sie so zum Wachsen anzuregen. Wie ein schützendes Dach hält er seine Hände über die Blumen. Ich glaube, Ihr Ehemann und Vater, Ihr Schwiegervater und Opa hätte dieses Bild von Gott von seinem Hobby her ganz besonders gut verstanden. Er hat als gläubiger und praktizierender Christ unter dem Angesicht Gottes gelebt, wie die Blumen auf dem Bild von Emil Nolde, und hat immer wieder bewusst zu Gott aufgeschaut: im Gebet, in der Mitfeier der Gottesdienste.

Dieses Bild von Gott als einem Gärtner, das darf uns heute Zuversicht schenken, wenn wir im Tod von einem lieben, feinen Menschen Abschied nehmen müssen. Gott hat den grünen Daumen für unser Leben. „Wenn … Gott schon das Gras so prächtig kleidet, das heute auf dem Feld steht und morgen ins Feuer geworfen wird" (Mt 6,30), sagt Jesus im Evangelium, um wie viel mehr wird Gott dann für uns Menschen sorgen, dass wir nicht verloren gehen. So wie *N. N.* es verstanden hat, kränkelnde Pflanzen wieder aufzupäppeln, so wird auch Gott sein Lebenspflänzchen nicht zugrunde gehen lassen – damit es auch trotz Krankheit und Tod, die ihn getroffen haben, nicht eingeht –, sondern es hinüberretten in ein neues Leben hinein; damit es neu aufblüht im ewigen Leben.

Ich denke, liebe Schwestern und Brüder, wie Paulus in der Lesung dürfen wir wohl auch von unserem Verstorbenen sagen: Er hat den guten Kampf gekämpft, den Lauf vollendet, die Treue gehalten, so dass Gott ihm den Kranz der Gerechtigkeit geben wird, den Siegeskranz des ewigen Lebens, als dessen Zeichen wir unserem verstorbenen Bruder im Glauben bei seiner Beerdigung den blumengeschmückten Kranz aufs Grab legen.

Nur das Vorwort

Nach langjähriger Pflegebedürftigkeit infolge einer Gehirnblutung, bei der sie die Fähigkeit zu sprechen verloren hatte und die sie ans Bett fesselte, starb wenige Monate vor ihrem 85. Geburtstag eine Frau mit schwieriger und bewegter Lebensgeschichte. Obwohl das Verhältnis zur Mutter in der Vergangenheit belastet war, hat ihre Tochter sie all die Jahre bei sich zu Hause liebevoll und aufopfernd gepflegt.

Lesung: Offb 1,9–11a.12–18
Evangelium: Joh 17,24–26

„Was der Mensch über den Menschen weiß, ist nur das Vorwort", so schreibt der Autor Thomas Raab in einem seiner Kriminalromane. Will heißen: Was wir wirklich über einen Menschen wissen, das ist oft gar nicht so viel, bleibt oft an der Außenseite hängen. Wir sehen seine nach außen hin sichtbaren Taten. Tiefere Beweggründe, die Absichten des Herzens, das, was ein Menschenleben im Innersten ausmacht, das bleibt uns oftmals verborgen. Jeder Mensch trägt eben auch ein Geheimnis in sich, das nur für Gott zugänglich ist, der diesen konkreten Menschen geschaffen hat, als sein Ebenbild; ihm bestimmte Begabungen und Talente, Gaben und Aufgaben ins Herz gelegt hat. So wie er kennt uns niemand.

Jesus war ein Meister darin, die Potenziale eines Menschen zu entdecken und zu wecken, weil er den Menschen ins Herz blicken konnte. Er ruft den Gauner Zachäus zu sich und ändert sein Leben. Er entdeckt im Wankelmut des Petrus den Fels, auf dem er seine Kirche baut. Er sieht in der Sünderin ihre Sehnsucht nach Leben und vergibt ihr, und ihr eröffnet sich ein neuer Horizont.

Gott kennt Wege, wo wir nur Mauern sehen; er öffnet Perspektiven, wo das Urteil schon festzustehen scheint. Er sieht eben nicht nur die Oberfläche, sondern weiß um die Verwurzelung jedes Menschen in Gott und um die Früchte, die aus diesen Wurzeln wachsen können. Dessen sollten wir uns immer bewusst bleiben, wenn wir beim Abschied von einem verstorbenen Mitmenschen auf sein Leben blicken, wie wir das heute bei *N. N.*, Ihrer Mutter, Schwiegermutter, Oma und Uroma, tun. Was wir über sie zu sagen wissen, das ist nur das Vorwort. Und das sind deshalb – wie bei einem Vorwort eben – nur einzelne Schlaglichter, weil wir ihr nicht ins Herz und hinter die Stirn schauen können.

Manches an ihrer Lebensgeschichte bleibt für uns auch im Dunkeln, weil der Kontakt zwischenzeitlich abgerissen oder schwierig und das Umgehen mit ihr und manchen ihrer Eigenheiten nicht immer einfach war. Und sicher ist in ihrem Leben nicht alles geradlinig und glatt verlaufen. Aber wir wissen ja, dass Gott auch auf krummen Zeilen gerade schreiben kann.

Wie bei einem Vorwort üblich, ist das Leben unserer Verstorbenen schnell zusammengefasst. In *N.* ist sie 1930 als Zweite von 14 Geschwistern zur Welt gekommen. Durch das Leben in der Großfamilie und als eine der Ältesten darin ist ihr schon in jungen Jahren die Aufgabe zugewachsen, ihre Geschwister mit großzuziehen und der Mutter daheim im Haushalt zu helfen. Eine erste Ehe hat dann ihren Lebensweg in die DDR gelenkt – damals, als es noch keine Mauer gab. Später kam sie nach *N.* zurück, wo sie ein zweites Mal geheiratet hat. Insgesamt fünf Kindern hat *N. N.* das Leben geschenkt: drei Töchtern und zwei Söhnen.

Allzu viele glückliche Stunden hat sie wohl in beiden Beziehungen nicht erlebt. Die besondere Verehrung der hl. Rita von Cascia, die unsere Verstorbene gepflegt hat, lässt erahnen, was sie vor allem in ihrer zweiten Ehe durchgemacht hat. Gilt diese Heilige doch als Patronin aller Frauen, die in einer unglücklichen Beziehung gefangen sind und darin viel auszuhalten haben, weil die hl. Rita die Rohheit ihres tyrannischen Ehemannes mit größter Geduld ertragen hat. Dieser Heiligen, die – ihrer Duldsamkeit wegen – als Attribut die Dornenkrone trägt, hat sich Ihre Mutter sehr verbunden gewusst. Eine kleine Figur dieser Heiligen hat sie überallhin begleitet. Das lässt uns auch einen Blick auf die Frömmigkeit und die gläubige Hoffnung unserer verstorbenen Schwester werfen. Im Glauben an Christus hat sie einen festen Halt im Leben gehabt.

Neben Ehe, Kindererziehung und Haushalt ist unsere Verstorbene zeitweise in der Berufsschule putzen gegangen oder hat einem Arzt den Haushalt gemacht. Und – wie Sie mir erzählt haben – sie ist leidenschaftlich gern zum Tanzen gegangen, über viele Jahre nach *N.*, mit einer engen, sehr treuen Freundin.

Ein gewaltiger Einschnitt in der Lebensgeschichte von *N. N.* war ihre schwere Gehirnblutung, gefolgt von zwei Schlaganfällen, im Mai 2004, bedingt durch die Engstelle einer Ader im Gehirn, weshalb Sie Ihre Mutter auch zuvor immer schon als krank und mit Kopfschmerzen erlebt hatten. Von diesem Moment an war sie pflegebedürftig, musste künstlich ernährt werden und konnte nicht mehr sprechen.

Dadurch kam sie nach *N.* zu ihrer Tochter *N.*, die sie in diesen elf Jahren auf bewundernswerte Weise äußerst liebevoll umsorgt und gepflegt hat. Es mag vielleicht paradox klingen, aber vermutlich hat sie in diesen Jahren, bei ihrer Tochter, jene Liebe und Zuneigung erfahren dürfen, die ihr sonst im Leben so oft abgegangen ist. Und damit waren diese langen Jahre, in denen sie, ans Bett gefesselt, nahezu gar nichts mehr tun konnte, dennoch wertvolle und erfüllte Jahre; dadurch haben sie – auch wenn das nach außen hin anders erscheinen mochte – dennoch einen guten Sinn gehabt im Leben unserer Verstorbenen und auch für Ihre Beziehung zu Ihrer Mutter.

Liebe Trauergemeinde, wie schon gesagt: Dies alles, was wir aus dem Leben von *N. N.* zu sagen wissen, ist nur das Vorwort. Das letzte Wort über ihr Leben haben nicht wir. Das letzte Wort über unser Leben, ob es sinnhaft und wertvoll war, ob es bestehen kann und Bestand haben wird, das sprechen nicht unsere Lehrer, die hinter unserem Namen ein Gut oder ein Ungenügend ins Notenheft schreiben. Das spricht nicht der Arbeitgeber, der mit unserer abgelieferten Leistung zufrieden ist oder nicht. Das sprechen nicht Eltern, Ehepartner oder Kinder mit der Frage, ob sich ihre Hoffnungen und Erwartungen in der Beziehung zu uns erfüllt haben oder sie sich anderes ausgemalt hatten. Das spricht nicht der Pfarrer mit seiner Beerdigungspredigt. Nein, dieses letzte Wort wird Christus sprechen. Das letzte Wort über Ihre verstorbene Mutter liegt einzig und allein bei ihm.

Und was sein Wort für uns ist, das haben wir eben im Evangelium aus seinem Mund gehört, in Form eines Gebetes zu seinem Vater, wenn Jesus dort sagt: „Vater, ich will, dass alle, die du mir gegeben hast, dort bei mir sind, wo ich bin. Sie sollen meine Herrlichkeit sehen" (Joh 17,24). Dieses Wort Christi gilt heute Ihrer verstorbenen Mutter, Schwiegermutter und Oma. Er will, dass ihr Leben im Tod nicht verloren geht. Er will sie für immer bei sich haben in der Herrlichkeit des Himmels und wird ihr, so hoffen wir, die Tür zum Himmelreich aufschließen, wie es in der Lesung angeklungen ist. Er wird deshalb ihr Leben zu nehmen wissen, so wie es geworden ist, mit allem Gelungenen darin und auch mit dem, was falsch gewesen sein mag, was sie schuldig geblieben ist. Sein Heilswille für alle Menschen überwiegt das.

Nirgendwo sehen wir das deutlicher als in jener Szene am Kreuz, als einer der beiden, die mit Jesus gekreuzigt worden sind, seine letzte Hoffnung auf Jesus wirft. Ihre Mutter hat von ihrem Pflegebett aus immer wieder auf das Kreuz geschaut, das ihr gegenüber an der Wand angebracht war – bei der Krankenkommunion, wenn Frau *N.*, Pfarrer *N.* oder ich zum Gebet bei ihr waren, und auch sonst immer wieder. Zuletzt war es ein stummer, fragender Blick: „Wie lange noch, Herr? Wann holst du mich endlich zu dir?" Und ich bin zuversichtlich, dass sie in dieser stummen Kommunikation mit ihrem Herrn am vergangenen Sonntag das gleiche Wort hat hören dürfen wie der Schächer am Kreuz: „Heute noch wirst du mit mir im Paradies sein" (Lk 23,43); dass ihr Leben durch Christus, auf den sie ihre Hoffnung gesetzt hat, nun zu einem guten Ende gelangt ist.

In dieser gläubigen Hoffnung nehmen wir heute Abschied von *N. N.* Denn: „Hoffnung ist nicht die Überzeugung, dass etwas gut ausgeht, sondern die Gewissheit, dass etwas Sinn hat, egal wie es ausgeht" (Václav Havel).

Was einer ist, was einer war, beim Sterben wird es offenbar

Ein Bild von einem Mann, der sich durch seiner eigenen Hände Arbeit aus ganz bescheidenen Anfängen hochgearbeitet hatte, starb nach kurzer Krankheit mit 84 Jahren. Im Dorf und in der Umgebung war er bekannt als ein bodenständiges, bayerisches Original. Seine Lebensgeschichte ist geprägt von großer durchgehaltener Treue: in seiner Ehe, in verschiedenen Lebenssituationen und auch im Glauben.

Lesung: 1 Joh 3,1–3
Evangelium: Joh 17,1–5

„Was einer ist, was einer war, beim Sterben wird es offenbar", so hat der Autor Hans Carossa gedichtet, ein Spruch, der bisweilen auch auf Sterbebildern zu lesen ist. Mit dem Tod wird das Leben eines Menschen endgültig. Bis dahin bleibt es veränderbar. Der Mensch kann Entscheidungen revidieren, kann neue Akzente setzen, kann Dinge anders und neu versuchen. Mit seinem Tod jedoch ist sein Lebensbild ein für alle Mal fix.

Und darum ist es nur natürlich, dass wir beim Tod eines Menschen sein nunmehr fertiges Lebensbild noch einmal anschauen, darauf blicken, was das Leben dieses Menschen ausgemacht und geprägt hat. Miteinander schauen wir an, wie Hans Carossa dichtet, „was einer war". Und manches in der Lebensgeschichte eines Menschen wird vielleicht erst bei dieser rückblickenden Schau auf sein Leben sichtbar. Mitunter kommt dabei auch manch bis dahin Verborgenes in einer Lebensgeschichte ans Licht. „Beim Sterben wird es offenbar", wie Hans Carossa sagt.

So schauen auch wir heute auf das Leben von *N. N.*, Ihrem Ehemann, Ihrem Schwiegervater, Opa und Onkel, auf den „Zack", wie er von vielen hier in *N.* genannt worden ist. Dieser Spitzname fängt wohl viel vom Wesen unseres Verstorbenen ein. Er war ein zackiger, schneidiger Mann mit seinem markanten Schnurrbart. So hat man ihn in *N.* gekannt, wenn er auf dem Motorrad unterwegs war oder später mit seinem Roller zum Einkaufen gefahren ist oder wenn er mit Lederhose und Gamsbarthut auf das Gäubodenfest gegangen ist. Das war sein Urlaub. Der „Zack" war ein sehr beliebter und geselliger Mensch, etwa beim Eisstockverein, seiner großen Leidenschaft, oder beim Stammtisch im Gasthaus *N.*

In diesem Namen schwingt aber auch seine fleißige, zupackende Art mit – er war auf Zack –, mit der er sich aus ganz kleinen Anfängen in dem Häuschen am *N.* emporgearbeitet hat, durch seinen Beruf als Maurer. Bei runden Geburtstagen oder Hochzeitsjubiläen hat er das öfter erzählt, dass er mit Ihnen, seiner Frau *N.*, 1953 praktisch mit nichts angefangen hat, als Sie geheiratet haben.

62 Jahre waren Sie miteinander verheiratet; ein Zeichen großer Treue, die unseren Verstorbenen ausgezeichnet hat. Er hat sein Versprechen, das er bei der Trauung gegeben hatte – „in guten wie in bösen Tagen" –, sehr ernst genommen und ist seiner Frau in all den Jahren eine große Stütze im Leben gewesen. Auch dieser treu sorgende Ehemann gehört zu den Schlaglichtern aus dem Lebensbild von *N. N.*, die heute vor unserem geistigen Auge noch einmal aufscheinen. Wie auch die schwere Erfahrung, die er machen musste, als Ihr Sohn mit nur 28 Jahren als junger Ehemann und Vater einen plötzlichen Herztod gestorben ist. In seiner Art, mit der er Dinge und Situationen so nehmen konnte, wie sie nun einmal waren, hat *N. N.* diesen Schicksalsschlag verkraftet.

Mit all den Bildern und Erinnerungen aus den 84 Lebensjahren unseres verstorbenen Bruders, die heute in uns aufsteigen, zeigt sich noch einmal, was *N. N.* ist und war, „wird es offenbar", wie Hans Carossa dichtet.

Aber noch in einem anderen, in einem geistlichen, gläubigen Sinn wird bei unserem Sterben offenbar, was wir als Getaufte, als Christen sind. In der Lesung ist das vorhin schön angeklungen: „Jetzt sind wir Kinder Gottes. Aber was wir sein werden, ist noch nicht offenbar geworden" (1 Joh 3,2), heißt es dort. In unserer Taufe sind wir aus bloßen Geschöpfen Gottes, wie alle anderen Dinge und Lebewesen in dieser Welt, zu seinen Kindern geworden. Gott hat uns dadurch angenommen als seine geliebten Söhne und Töchter. Wir dürfen ihn deshalb ganz vertraut als unseren Vater im Himmel ansprechen. Unser

Verstorbener, *N. N.*, hat diese Beziehung zu Gott ganz bewusst gepflegt, hat sich um eine lebendige Beziehung zu Christus bemüht: beim regelmäßigen Kirchgang, Sonntag für Sonntag, und auch sonst in einem religiös geprägten Leben.

Was wir nach unserem Tod sein werden, schreibt der Autor des Johannesbriefs, ist noch nicht offenbar geworden, solange wir in dieser Welt leben. Aber eines können wir jetzt schon sagen: Wir werden Gott sehen, wie er ist. Zu dieser unmittelbaren Anschauung Gottes, von Angesicht zu Angesicht, so dürfen wir glauben, ist Ihr verstorbener Ehemann, Ihr Schwiegervater, Opa und Onkel nun gelangt.

Beim Sterben eines Christen wird es offenbar, wer wir im Tiefsten sind: Gottes geliebte Geschöpfe. Wir sind ein guter Gedanke Gottes. Er hat sein Bild in uns hineingelegt. Und das geht nicht verloren, auch wenn es im Erdenleben manchmal überdeckt werden mag von Schuld, von Versagen; wenn bei uns nicht immer zur Vollgestalt gelangt, was Gott in uns hineingelegt hat. Im Sterben jedoch wird es offenbar, wie Hans Carossa gedichtet hat. Da kommt es zu Gott zurück, angereichert mit dem, was wir daraus gemacht haben, was wir von diesem Bild verwirklicht haben.

Dann wird Gott mit uns unser Lebensbild anschauen – nicht so sehr, um Gericht darüber zu halten, sondern er wird mit uns anschauen, was er, Gott, in uns hineingelegt und wie er uns gedacht hatte. Und der Mensch erkennt dann, wie viel er davon verwirklicht hat oder auch nicht. Vor Gott wird es offenbar – wer wir sind und wozu er uns berufen hat: nämlich berufen zur ewigen Gemeinschaft mit ihm.

Dass unser Verstorbener, *N. N.*, nun ganz dort angekommen ist – in der ewigen Gemeinschaft mit Gott –, darauf hoffen wir und darum beten wir heute für ihn.

Ich kenne die Meinen

Die 86-jährige achtfache Mutter, Großmutter von 19 Enkeln und 22-fache Urgroßmutter umgab sich in ihrer Wohnung mit zahlreichen Bildern ihrer Familienangehörigen. Von jedem der Ihren wusste sie Geburtstag, Namenstag oder Hochzeitstag auswendig und konnte Besuchern zu jedem ihrer Familienangehörigen etwas aus deren Leben erzählen. Ihren Glauben als Christin hat sie bewusst gelebt und aktiv praktiziert.

Lesung: Offb 1,17–18; 2,9a.10ac.11
Evangelium: Joh 10,11–16.27–28

Wer bei *N. N.* in die Wohnung gekommen ist, dem sind wohl sofort die vielen Fotos an den Wänden aufgefallen: über der Eckbank, beim Herrgottswinkel, über dem Sofa – eine regelrechte Galerie von Familienfotos: Hochzeitsfotos von ihren acht Kindern, Babyfotos von ihren 19 Enkeln und 22 Urenkeln, Fotos von Erstkommunionen und als Firmlinge. Mit diesen Bildern ihrer Lieben hat sich unsere Verstorbene gern umgeben, denn die Familie, das war zeitlebens ihr Lebensinhalt gewesen. Für sie hat sie alles getan, oft sogar selbst zurückgesteckt um ihrer Kinder willen: ihnen allen unter viel Entbehrung eine gute Berufsausbildung ermöglicht, die Enkelkinder mit großgezogen. Und wenn ich zur Krankenkommunion bei Ihrer Mutter und Schwiegermutter, Ihrer Oma und Uroma war, dann hat sie gern auf einzelne Fotos gezeigt und mir erzählt, wer gerade Geburtstag gehabt hat, wer demnächst Erstkommunion feiern kann oder geheiratet hat. Diese Daten hatte sie von jedem ihrer Kinder, Enkel und Urenkel im Kopf. Sie kannte die Ihren. Von jedem wusste sie etwas zu erzählen.

Ganz ähnlich sagt Jesus im Evangelium: „Ich kenne die Meinen, und die Meinen kennen mich" (Joh 10,14). Dieses Wort Jesu an seine Jünger dürfen wir auch auf unsere verstorbene Schwester im Glauben beziehen. In der Taufe ist *N. N.* eine der Seinen geworden. So wie sie die Ihren ins Herz geschlossen hatte, so ist sie selbst von Jesus erkannt und ins Herz geschlossen worden. Sie gehört mit zu seiner Herde.

Auch für sie hat er als der gute Hirt sein Leben hingegeben. Christus kennt Ihre verstorbene Mutter.

Er weiß um ihre Lebensgeschichte. Um ihre Geburt am *[Datum]* in *N.*, wo ihre Eltern eine Landwirtschaft besaßen. Als sie mit 13 Jahren gerade die Schule beendet hatte, ist ihre Mutter an einer schweren Krankheit gestorben, und die *[Kosename der Verstorbenen als Kind]*, wie sie auch im Alter noch von vielen genannt wurde, musste den elterlichen Haushalt führen. 1949 hat sie dann *N. N.* aus *N.* geheiratet. Acht Kinder, darunter zwei Zwillingspärchen, hat *N. N.* in den folgenden Jahren zur Welt gebracht. Gemeinsam mit ihrem Mann hat sie das Anwesen in *N.* weitergeführt. Die Arbeit in der Landwirtschaft, das war immer ihre große Leidenschaft. Doch nach nur zehn Ehejahren ist ihr Mann *N.* bei einem Verkehrsunfall tödlich verunglückt, als sie gerade mit dem jüngsten Kind schwanger war. Ein schwerer Schicksalsschlag. Als im darauffolgenden Jahr auch noch ihr Vater starb, stand unsere Verstorbene plötzlich ganz allein da mit der Landwirtschaft und ihren acht Kindern, die zu versorgen waren. Das war eine harte Zeit für Ihre Mutter, Ihre Schwiegermutter und Oma, die sie aber mit eisernem Willen und harter Arbeit gemeistert hat. 1980 hat sie das Anwesen schließlich an ihren Sohn *N.* übergeben und konnte von da an ihren Ruhestand in ihrem Garten, mit Lesen oder kleinen Spaziergängen genießen. In den letzten Jahren hatte sie jedoch an der zunehmenden Last ihrer 86 Lebensjahre zu tragen. Vor allem die Beine wollten nicht mehr recht. In dieser Zeit wurde sie von ihrer Schwiegertochter *N.* gut umsorgt und gepflegt. Nach einem Sturz in der Wohnung mit einem Oberschenkelhalsbruch am vergangenen Sonntag ist sie nun ganz schnell, noch am selben Tag, im Krankenhaus in *N.* gestorben, noch bevor sie dort operiert werden konnte.

Als guter Hirte, der die Seinen kennt, weiß Christus um diese Lebensgeschichte von *N. N.* Dieses Kennen ist nicht nur ein äußeres Wissen um Daten und Ereignisse im Lebenslauf, sondern ein Erkennen mit dem Herzen. Christus weiß um unser Innerstes. So wie es in der Lesung geheißen hat: „Ich kenne deine Bedrängnis und deine Armut" (Offb 2,9). Gott weiß um die innere Not, den Kummer und die Sorgen, die unsere Verstorbene empfunden hat, als sie so plötzlich ihren Mann verloren hatte und als Witwe allein für ihre Kinder und die Landwirtschaft sorgen musste. Er weiß um den Schmerz in ihrer Seele beim Unfalltod ihres Enkels *N.* Er weiß, wie schwer es ihr im Alter gefallen ist, zu akzeptieren, dass vieles nicht mehr so geht wie früher. Christus weiß um das, was im Menschen vorgeht: seine Freuden und Sorgen, seine Gedanken, seine Absichten, die Regungen seines Herzens. Er hat sein Ohr an unserem Herzen. Es ist ein Erkennen von Herz zu Herz, von dem Jesus da im Evangelium spricht.

„Ich kenne die Meinen", sagt Jesus, „und die Meinen kennen mich" (Joh 10,14). Auch diesen zweiten Teil des Satzes können wir zu Recht über unsere Verstorbene sagen. *N. N.* hat den Herrn und Hirten ihres Lebens gekannt. Sie hat aufmerksam auf seine Stimme gehört und ist dieser Stimme ihres Herrn gefolgt. Durch ihr Leben in der Landwirtschaft, wenn sie selber ihre Tiere gerufen hat, hat sie dieses Bild vom Hirten wohl besonders gut und unmittelbar verstanden.

Das religiöse Leben, das Mitleben mit der Kirche, Gott im Gottesdienst zu begegnen, alles das war unserer Verstorbenen ihr Leben lang wichtig. Das zeigt auch ihre Mitgliedschaft bei der *N.*er Rosenkranzbruderschaft. Gerne hat *N. N.* in der Kirche mitgesungen. Auch wenn es zuletzt beschwerlich war, so wollte sie doch wenigstens hin und wieder in der Kirche mit dabei sein. Am Karfreitag und bei der Erstkommunion eines Urenkels konnten Sie, liebe Angehörige, ihr das in den zurückliegenden Wochen ermöglichen. Sonst hat sie daheim die Krankenkommunion empfangen, die Gottesdienste im Fernsehen mitverfolgt und zu Hause gebetet. Zuletzt hat sie daheim sogar selber eine Maiandacht gehalten.

Ihr religiöses Leben und ihr vom Glauben geprägtes Handeln lassen erkennen, dass *N. N.* Christus wirklich als den Herrn ihres Lebens erkannt und angenommen hat; dass sie zu den Seinen gehört. Und Christus will doch, so sagt er es einmal, dass keiner der Seinen, dass keiner von denen, die der Vater ihm gegeben hat, verloren geht. Dafür hat er sein Leben eingesetzt, es für uns hingegeben, um den Seinen ewiges Leben zu erwerben. So wie Jesus selbst sagt: „Ich gebe ihnen ewiges Leben. Sie werden niemals zugrunde gehen, und niemand wird sie meiner Hand entreißen" (Joh 10,28). Das macht uns zuversichtlich, dass er Ihre Mutter und Schwiegermutter, Ihre Oma und Uroma bei ihrem Sterben nicht verloren gehen hat lassen, sondern sie als der gute Hirte ihrer Seele nun auf die Weide des ewigen Lebens geführt hat.

Auf der Gredbank

Eine Austragsbäuerin aus kleinen Verhältnissen starb nach einem arbeits- und entbehrungsreichen Leben im hohen Alter von 97 Jahren. Oft hatte man sie auf der Bank vor ihrem Bauernhaus sitzen sehen, der sogenannten Gredbank. Dieses typische Bild von der Verstorbenen greift die Predigt auf.

Lesung: Gen 1,1.26–27.29–2,3
Evangelium: Lk 17,7–10; 12,36–37

Vor dem Haus unserer Verstorbenen in *N.*, da kann man noch sehen, was eine Gredbank ist: die Bank draußen vor dem Haus mit Blick auf den Hof, wo man sich früher am Abend niedergelassen hat, um auszuspannen von den Anstrengungen des Tagwerks, wo man den Blick noch einmal schweifen lassen konnte über die getane Arbeit auf dem Feld, auf dem Hof oder im Stall und ein wenig ausgeruht hat beim Erzählen oder gemeinsamen Singen. Das war die Freizeitgestaltung auf den Bauernhöfen in einer Zeit, in der es noch keinen Fernseher und keinen Computer gab.

So hat es *N. N.* selbst noch erlebt. Viel Zeit, um in Ruhe auf der Gredbank zu sitzen, war Ihrer Mutter, Ihrer Schwiegermutter, Oma und Uroma in diesen Jahren allerdings nicht beschieden. Denn Freizeit war damals klein bemessen, weil die Arbeit in der Landwirtschaft noch fast zur Gänze von Hand getan werden musste und die ganze Zeit und Kraft des Menschen beansprucht hat. Dieses anstrengende Leben auf dem Bauernhof hat Ihre verstorbene Mutter jahrzehntelang mitgemacht.

Nach einer kurzen, wahrlich nicht einfachen Kindheit in *N.* mit ihren acht Schwestern und Stiefschwestern und einer Stiefmutter, die ihre angeheirateten Kinder nicht so angenommen hat, wie man sich das wünschen würde, hat *N. N.* bereits mit neun Jahren den Dienst als Kindsmagd und Dirn bei verschiedenen Bauern angetreten. Unter anderem war sie in *N.* im dortigen Wirtshaus samt Bauernhof angestellt, wo sie viel und hart gearbeitet hat. Dort hat sie ihre schönste Zeit verlebt. Sie ist den Knechten auf dem Hof bei der Arbeit im Stall und auf dem

Feld kaum nachgestanden. Dem einen oder anderen hat sie sogar das Mähen mit der Sense richtig beigebracht, weil sie das besonders gut konnte. *N. N.* hat mit großer Ausdauer arbeiten können, ohne sich jemals über zu viel Arbeit zu beklagen. Und sie hat es sehr gern gehabt, wenn dann am Abend nach getaner Arbeit im Wirtshaus gesungen und erzählt worden ist, so wie auf der Gredbank vor dem Haus.

1936 hat unsere Verstorbene ihren Mann *N.* geheiratet und ist dadurch auf das kleine Anwesen in *N.* gekommen, das sie von da an zusammen mit ihm bewirtschaftet hat. Viel Zeit zum Rasten auf der Gredbank war auch jetzt nicht. In den Kriegsjahren, als ihr Mann zum Kriegsdienst eingezogen wurde und nachher in Gefangenschaft war, da war unsere Verstorbene mit ihren beiden Töchtern *N.* und *N.* ganz auf sich gestellt. Unter Mithilfe ihrer Schwester *N.* hat sie in dieser Zeit den Hof allein bewirtschaftet. Und auch danach hat Ihre Mutter und Oma in der Landwirtschaft viel selber schaffen müssen, weil ihr Mann aufgrund seiner Verwundung oft krank war und nicht so arbeiten konnte, wie er wollte.

Große Reichtümer ließen sich mit dem kleinen Anwesen trotz der harten Arbeit nicht erwirtschaften. Und dennoch war unsere Verstorbene in aller Einfachheit immer sehr freigebig, wenn zum Beispiel nach dem Krieg heimkommende Soldaten oder Flüchtlinge auf dem Hof vorbeikamen und um Essen baten, oder genauso später bei ihren Enkeln und Urenkeln, denen sie gerne etwas zukommen hat lassen.

Als ihr Mann 1968 gestorben ist, hat unsere Verstorbene dann den Hof an ihre Tochter *N.* übergeben. Trotzdem hat sie noch mindestens bis ins Alter von 85 Jahren auf dem Hof mitgearbeitet. Bis dahin war sie eigentlich kaum einmal krank. Und selbst später, als sie nicht mehr gut auf den Beinen war, hat sie immer noch die Hühner gefüttert, und wenn es zuletzt nur mehr vom Balkon war, von wo aus sie ihnen das Futter ausgestreut hat.

Mit ihrer Arbeit in der Landwirtschaft war *N. N.* ganz nahe dran an der Schöpfung und an dem Auftrag Gottes, die Erde zu bebauen, sich ihre Kräfte nutzbar zu machen, die Schöpfung zu bestellen, die Gott dem Menschen treuhänderisch anvertraut hat. Sie hat damit ganz unmittelbar Anteil genommen an dem Schöpfungsauftrag Gottes. Sie hat diesen Auftrag angenommen und erfüllt. Und auch das Beispiel des Schöpfers, am siebten Tag auszuruhen von der Arbeit, von dem unsere Lesung erzählt, den Sonntag als einen Tag der Arbeitsruhe heiligzuhalten für Gott, hat unsere Verstorbene beherzigt. Ihr Leben und Handeln war geprägt vom Glauben an Gott. Bei all ihrer Arbeit hatte Gott einen festen Platz in ihrem Leben. Diese Zeit für ihn – für Gebet und Gottesdienst – hat sie frei gehalten.

Der Sonntag als Tag der Arbeitsruhe, als Zeit zur Erhebung für die Seele, ist ein großes Geschenk Gottes an seine Schöpfung. Der Sonntag hält das Wissen in uns wach: Leben ist mehr als Arbeiten und Schaffen. Es erschöpft sich nicht in dem, was wir hier auf Erden mit unserer Hände Arbeit leisten. Ja, wir sollen das Unsere tun, sollen uns in unserer Arbeit ordentlich einsetzen und uns redlich mühen, wie Jesus im Evangelium andeutet, das wir gehört haben. Aber das Letzte, das Wesentliche – so macht die Bibel mit der Ruhe des Schöpfers am siebten Tag deutlich –, das dürfen wir Gott überlassen. Das können und müssen nicht wir schaffen; das wird Gott tun. Das gilt für unsere Alltagsarbeit – wir können säen und ackern und düngen, aber wachsen lassen muss Gott –, und das gilt ganz existentiell am Ende unseres Lebens. Da können wir gar nichts selbst machen. Bei unserem Sterben, da müssen und dürfen wir uns ganz Gott überlassen. Da dürfen wir darauf vertrauen, dass er uns, wenn wir hier alles getan haben, hinüberführen wird in die ewige Ruhe des Himmels, wo wir ausrasten dürfen von der Arbeit und Mühsal unseres Erdenlebens.

Liebe Angehörige, Ihrer Mutter und Schwiegermutter, Ihrer Oma und Uroma war ein sehr langer Lebensabend beschieden. Fast 98 Jahre ist sie alt geworden, gut eingebettet und umsorgt von ihrer Familie. Besonders du, *N.*, hast da in den letzten Jahren sehr viel für sie getan, indem du für deine Uroma die Betreuung übernommen hast. Denn es war zuletzt eben auch ein langer Leidensweg. Nach einem Schlaganfall vor gut zwei Jahren musste unsere Verstorbene ins Seniorenheim umziehen, weil sie seither teilweise gelähmt war und intensive Pflege benötigte. Seit Ostern konnte sie sich nicht mehr mitteilen. Ihr Zustand ist Stück für Stück immer schlechter geworden. Nach einer Lungenentzündung ist sie nun am Donnerstag im Krankenhaus gestorben.

Mit ihrem langen Leben und mit der vielen Arbeit, die ihr Leben ausgefüllt hat, kann *N. N.* wirklich sagen, wie wir im Evangelium gehört haben, dass sie alles getan hat. Nun war es genug. Sie hat vor den Menschen ihre Schuldigkeit getan – manchmal wohl sogar mehr als das. Vielleicht ist sie hier und da auch etwas schuldig geblieben. Auch das wird Gott in seiner Barmherzigkeit zu nehmen wissen.

Eigentlich, so deutet es das Wort Jesu aus dem Evangelium an, brauchen wir uns nicht rühmen, wenn wir das Unsere redlich getan haben. Wir haben damit vor Gott letztlich nur unsere Schuldigkeit getan; das, was er uns aufgetragen hat. Aber, so verheißt uns Jesus zugleich, wer in all seinem irdischen Tun wachsam für Gott gelebt hat, den wird der Herr nach diesem irdischen Leben Platz nehmen lassen im ewigen Haus des Vaters beim Hochzeitsmahl im Himmel und ihm eigenhändig aufwarten. Die ewige Ruhe, die wir für unsere Verstorbenen erbitten, die ist deshalb keine langweilige Angelegenheit, nicht eine wenig erstrebenswerte Eintönigkeit. Es ist die Vollendung, das vollkommene Glück, das Leben in der ewigen Fülle Gottes: erfüllt und zufrieden ausruhen dürfen bei Gott, nach getaner Arbeit hier auf Erden.

Wenn wir heute auf das arbeitsreiche und zugleich für Gott aufmerksame Leben von *N. N.* zurückblicken, dann dürfen wir deshalb zuversichtlich sein, dass sie nun, nach der vielen Arbeit ihres Lebens, Anteil erhalten wird an dieser erfüllten Schöpferruhe Gottes; dass sie nun ausruhen darf auf der Gredbank der Ewigkeit im Hause Gottes.

Ansprachen mit Bezug zur Kirchenjahreszeit

Bereitet dem Herrn den Weg

Im Advent starb eine tatkräftige 87-jährige Frau mit engagiertem, zupackendem Wesen, deren Lebensweg zahlreiche Wendungen und Wandlungen genommen hatte. Im Verlauf ihres Lebens hat sie an ihrem Wohnort und in ihrer Pfarrgemeinde manches angestoßen und auf den Weg gebracht. Ein bewusst praktizierter christlicher Glaube war fester Bestandteil ihres Lebens.

Lesung: Jes 40,1–5.10–11
Evangelium: Lk 1,67–79

Gott kommt in diese Welt. Das ist die Botschaft des Advents. Gott bleibt nicht fern. Er sucht unsere Nähe. Er kommt uns entgegen. Darum lautet der adventliche Aufruf der Propheten: Bahnt für den Herrn einen Weg! Ebnet ihm die Straßen! Macht die Wege eben für sein Kommen!

Der Weg, auf dem Gott uns entgegenkommt, das ist der Mensch. Das feiern wir in ein paar Tagen, an Weihnachten. Dass sich Gott ganz und gar auf unser Menschsein eingelassen hat; so sehr, dass er selbst Mensch geworden ist. Und bis heute ist das so geblieben, dass Gott durch Menschen auf uns zukommt: in Gestalt von Menschen, vermittelt durch Menschen. „Der Weg Gottes ist der Mensch", so hat das die Theologie auf den Punkt gebracht. Wir dürfen und sollen mit unserem Leben Gott den Weg bereiten. Dazu sind wir von Gott berufen. So wie es unsere Lesung formuliert: „Bahnt für den Herrn einen Weg … Jedes Tal soll sich heben, jeder Berg und Hügel sich senken. Was krumm ist, soll gerade werden, und was hüglig ist, werde eben" (Jes 40,3a.4).

Der Lebensweg Ihrer Mutter, Schwiegermutter und Oma ist selber in vielen Windungen und Wendungen verlaufen: aus ihrer fränkischen Heimat in *N.*, wo sie 1920 zur Welt gekommen ist und das Hotelfach gelernt hat, ins tschechische *N.* nach der Heirat mit ihrem Mann *N.* im Jahr 1941, der dort beim Militär stationiert war. Nach dem Krieg dann für kurze Zeit in die Landwirtschaft auf dem Hof ihrer Schwiegereltern in *N.*, bevor sie in *N.* zunächst als Metzgereiverkäuferin gearbeitet und schließlich eine eigene Metzgerei aufgemacht hat. Mit dem Umzug zu uns nach *N.* nahm das Leben unserer Verstorbenen abermals eine Wendung, als sie 1973 hier die Leitung des Verkehrsamtes der Gemeinde und später auch den Vorsitz im Verkehrs- und Kulturverein übernommen hat. 15 Jahre lang hat sie für den Luftkurort *N.* die Werbetrommel gerührt und sich um das Wohl der Touristen gekümmert.

Dass unser Leben auf dieser Welt nicht immer ein lockerer Spaziergang auf breiten, ebenen Straßen ist, das musste Ihre Mutter schmerzlich erleben, als ihr Sohn *N.* 1974 bei einem Verkehrsunfall tödlich verunglückte. Acht Jahre später musste sie auch ihren Mann *N.* zu Grabe tragen. Doch auch in diesen schmerzlichen Erfahrungen hat *N. N.*, wie es ihrem optimistischen Wesen entsprach, nach vorne geschaut. Sie hat nicht lang über ihr Schicksal gejammert, sondern sich der Zukunft gestellt. So wie sie auch sonst immer das Positive gesehen hat – im eigenen Leben und bei ihren Mitmenschen.

Mit ihrem energischen Wesen, ihrer zupackenden Art, mit der sie andere mitreißen konnte, hat unsere Verstorbene oft Neues angepackt und erfolgreich auf die Beine gestellt. Sie war eine tatkräftige Frau, die in ihrem Leben so manchem den Weg gebahnt hat. In der Familie hat sie ihren drei Kindern den Weg ins Leben geebnet. Sie hat geschäftlich manches auf den Weg gebracht, sie hat zahlreichen Touristen den Weg nach *N.* gebahnt. Und auch in unserer Pfarrei, wo sie viele Jahre Mitglied im Pfarrgemeinderat war, hat *N. N.* geholfen, Wege für Gott zu bereiten. So war sie zum Beispiel auch Mitinitiatorin für das *N.*er Pfarrfest.

In all das vielfältige und engagierte Tun Ihrer Mutter, Schwiegermutter und Oma war immer auch Gott fest mit hineinverwoben. Die Mitfeier der Gottesdienste, das tägliche Gebet, das war fester Bestandteil im Leben von *N. N.* Sie hat den Weg zur Kirche in großer Treue immer wieder gefunden. Auf dem Weg über das Gebet – privat und im Gebetskreis unserer Pfarrei – war sie eng mit Gott verbunden. Auch durch die Krankenkommunion in den letzten Monaten.

Und auch mit ihrem Tun am Nächsten, in manchem ehrenamtlichen Engagement – etwa im Heimatmuseum in *N.* oder mit ihrem bereitwilligen Dasein für einige ältere Leute, die sie versorgt und bekocht hat – hat sie Christus den Weg bereitet. Alles, was ihr einem eurer Brüder und Schwestern getan habt, sagt Jesus, das habt ihr mir getan.

Der Weg Gottes ist der Mensch. Durch Menschen kommt er bei anderen an. Durch Menschen, die von ihm reden, die in seinem Sinne handeln, die etwas für ihn tun. Mit ihrem Tun hat Ihre Mutter auch für Gott Wege gebahnt. Da ist sie selber zum Weg geworden, auf dem Gott bei anderen ankommen konnte. Da ist sie dem Aufruf des Propheten gerecht geworden: „Bahnt für den Herrn einen Weg!" (Jes 40,3a).

In unserer menschlichen Schwachheit verstellen wir freilich dem Kommen des Herrn immer wieder auch den Weg. Manches ist bei uns selber krumm und uneben. Darum spricht unsere Lesung auch von der Schuld des Menschen. Da werden wir auch unsere Verstorbene nicht ausnehmen dürfen.

Ja, wir dürfen und sollen mit unserem Leben Gott den Weg bereiten. Das ruft uns der Advent insbesondere in Erinnerung, und darum hat sich unsere Verstorbene redlich bemüht. Aber wo wir das nicht geschafft haben, da darf uns trösten, was wir dann an Weihnachten feiern: dass Gott selber uns entgegenkommt. In seiner Menschwerdung hat uns besucht „das aufstrahlende Licht aus der Höhe, um allen zu leuchten, die in Finsternis sitzen und im Schatten des Todes, und unsre Schritte zu lenken auf den Weg des Friedens" (Lk 1,78b–79). So haben wir eben im Evangelium gehört. Das feiern wir in wenigen Tagen, an Weihnachten: dass Gott von sich aus heilschaffend auf uns zukommt. Nicht weil wir das verdient hätten, nicht weil wir den Weg für sein Kommen nun perfekt bereitet hätten, sondern aus freien Stücken, aus Gnade, uns zum Heil.

Das dürfen wir nun auch für Ihre Mutter, Ihre Schwiegermutter und Oma ganz persönlich hoffen: dass in ihrem Tod Christus auf sie zukommt und ihr den Weg in die Ewigkeit bahnt; dass er ihr entgegenkommt und – wie unsere Lesung es ausdrückt – für sie den Siegespreis mitbringt: das ewige Leben; dass er sie als guter Hirt auf die Weide des ewigen Lebens führen wird.

Von guten Mächten treu und still umgeben

Die Erfahrung, im Krieg und in Gefangenschaft von politischen Mächten herumkommandiert und missbraucht worden zu sein, hatte das Leben des Verstorbenen geprägt. Im Alter haben diese Erlebnisse bei ihm dazu geführt, dass er sich immer mehr zurückgezogen und ein eigenbrötlerisches Leben geführt hat. Im Haushalt seines einzigen Sohnes lebend und dort gut betreut von seiner Schwiegertochter, starb er einen Tag vor Heiligabend im Alter von 89 Jahren.

Lesung: 2 Tim 2,8–13
Evangelium: Joh 6,37–40

„Von guten Mächten treu und still umgeben, behütet und getröstet wunderbar, so will ich diese Tage mit euch leben und mit euch gehen in ein neues Jahr" – so hat der evangelische Pfarrer Dietrich Bonhoeffer in den Weihnachtstagen des Jahres 1944 gedichtet. Man ist erstaunt, unter welchen Umständen er diese Verse geschrieben hat. Nicht etwa daheim im vertrauten Kreis seiner Familie unter dem lichterfüllten Christbaum. Nein, er schreibt so in äußerster Notlage: im Gestapo-Gefängnis, in der Todeszelle. Wenige Wochen später hat man ihn hingerichtet. Dennoch spricht aus seinen Worten eine unerhörte Zuversicht. Trotz allem Schweren und Dunklen, das er momentan durchlebt und auf das er sich im neuen Jahr zugehen sieht, weiß er sich innerlich unendlich behütet.

Auch für Sie, liebe Familie *N.*, sind diese Tage auf dem Weg in das neue Jahr keine ganz einfachen Tage. Am Tag vor Heiligabend den Vater sterben zu sehen und für immer Abschied nehmen zu müssen, ist nicht leicht. Da liegt ein Schatten über diesem mit so vielen Emotionen verbundenen Fest. Da fallen die Schritte auf das neue Jahr zu nachdenklicher aus als sonst. Dennoch, so habe ich es bei unserem Gespräch an Heiligabend gefühlt, dennoch erfüllt Sie so ein Stück innerer Getröstetheit, wie sie aus den Zeilen von Dietrich Bonhoeffer spricht.

Denn wir dürfen uns sagen: Ihrem Vater, Ihrem Schwiegervater und Opa war ein langes Leben vergönnt. In den nächsten Monaten wären Sie mit ihm auf seinen 90. Geburtstag zugegangen. Er hat sein Leben leben dürfen. Nach dem Tod seiner Ehefrau 1998 und seiner zunehmenden Krankheit hat sich dieses Leben schon seit längerem ganz allmählich dem Ende zugeneigt. Nun ist dieser Lebensbogen an sein natürliches Ende gekommen. Ihr Vater konnte und wollte nicht mehr weiterleben. Er hat das selber so gespürt und auch gesagt. Am Ende war es deshalb für alle eine Erlösung. Es war ein Einwilligen in dieses Gehenmüssen, von allen Beteiligten; sicher auch getragen von unserer gläubigen Hoffnung, dass Sterben nicht einfach das Ende ist, sondern dass auch unser Tod wunderbar behütet und umfangen ist von guten Mächten – von Gott selber.

Ich denke, Ihr Vater hat auf dieser letzten Wegstrecke seines Lebens tatsächlich erfahren dürfen, dass er von guten Mächten umgeben ist: von Ihnen, seinen Angehörigen, allen voran seiner Schwiegertochter, die ihn still und treu gepflegt haben; von Ärzten, die Verständnis dafür hatten, dass seine Lebenskraft aufgebraucht, seine Lebensuhr abgelaufen war, und ihn nicht noch mit lebensverlängernden Maßnahmen geplagt haben; auch durch die Sakramente der Kirche – die Wegzehrung und die Krankensalbung –, die er im Krankenhaus empfangen hat und die ihm vermittelt haben: Du bist ganz und gar in Gottes guten Händen. Eigentlich kann dir gar nichts passieren, weil Gott dich auch in deinem Sterben in seinen Händen hält. Oder wie es Pfarrer Bonhoeffer in seinem Neujahrsgedicht ausgedrückt hat: „Von guten Mächten wunderbar geborgen, erwarten wir getrost, was kommen mag. Gott ist mit uns am Abend und am Morgen und ganz gewiss an jedem neuen Tag."

In seinem irdischen Leben war unser Verstorbener zeitweise zum Spielball politischer Mächte geworden. Am *[Datum]* im polnischen *N.* geboren, machte er zunächst eine kaufmännische Lehre und arbeitete kurzzeitig in der Landwirtschaft, bevor er als Wehrpflichtiger zur polnischen Armee eingezogen wurde, zum Krieg gegen Russland. 1939 geriet er dabei in russische Gefangenschaft. Im Austausch mit deutschen Kriegsgefangenen nach Ausbruch des Zweiten Weltkriegs kam er nach Deutschland. Nur einen Monat später fand er sich als deutscher Soldat wieder. Nun schickte ihn die deutsche Wehrmacht in den Krieg: zunächst an die Ostfront auf die Krim, später an die Westfront, wo er letztendlich im April 1945 in amerikanische Kriegsgefangenschaft geriet. Bei einem kurzen Fronturlaub dazwischen, im August 1944, hatte *N. N.* seine Frau *N.* geheiratet.

Durch sie, die bei einer *N*.er Firma Arbeit gefunden hatte, kam er schließlich, nachdem er 1946 aus der Gefangenschaft fliehen konnte, hierher nach Niederbayern. Auch nach dem Krieg war das Militär für unseren Verstorbenen seine Welt, nunmehr jedoch als Zivilangestellter: zunächst bei den Amerikanern in der Commissionary in *N*., danach, bis zu seiner Rente, bei der Standortverwaltung in *N*.

Die Erfahrungen im Krieg und in der Gefangenschaft, herumkommandiert und benutzt worden zu sein für die fragwürdigen Ziele politischer Mächte, das hat Ihren Vater sehr geprägt und ihn sein Leben lang beschäftigt. Immer wieder hat er davon erzählt – bis man es manchmal schon nicht mehr hören konnte. Alles Geschichtliche, besonders die polnische Geschichte, hat ihn von daher sehr interessiert. Auf diesem Gebiet war er sehr belesen.

Welche Mächte in ihm selber am Werk waren, dass er sich nach seiner Rente immer mehr zurückgezogen hat, auf sich selber fixiert, das wissen wir nicht. Das haben wir auch nicht zu beurteilen. Am liebsten, so haben Sie mir erzählt, war es ihm, wenn nichts seine gewohnten Kreise gestört hat. Allenfalls zum Kartenspielen in privater Runde hat er sich aufgemacht. Ansonsten war er am liebsten daheim in *N*. im Haus bei Ihnen, seinem einzigen Sohn, umsorgt und betreut von guten Mächten in Gestalt von Ihnen, seiner Schwiegertochter. Sein Temperament, ja sein Leben überhaupt, kann sich eben keiner aussuchen. Und die eigene Lebensgeschichte prägt einen Menschen auch auf die eine oder andere Weise. Der Mensch bleibt letztendlich immer auch ein Stück Geheimnis, das nur Gott ausloten kann.

Mit diesem Gott hat unser Verstorbener fest gerechnet, er war für ihn eine feststehende Realität. Aber doch eher theoretisch, im Sinn einer höheren Macht, die er wohl anerkannt hat als Schöpfer der Welt und Urgrund des Lebens. Zu einer persönlich praktizierten Frömmigkeit im kirchlichen Sinn – so haben Sie mir erzählt – ist er in den zurückliegenden Jahrzehnten jedoch nicht mehr durchgedrungen, was vermutlich auch mit dem tragischen Tod seines Enkels, Ihres Sohnes *N*., zu tun hatte. Andererseits waren ihm die Wegzehrung und die Krankensalbung – diese persönliche sakramentale Begegnung mit Christus – in seinen letzten Lebenstagen doch sehr wichtig und wertvoll.

Im Evangelium haben wir vorhin gehört, dass es Gottes Wille ist, dass keiner verloren geht, sondern dass Christus alle, die Gott ihm gegeben hat, auferweckt und sie das ewige Leben haben. Dazu hat Gott seinen Sohn in die Welt gesandt. Das feiern wir zurzeit, in diesen weihnachtlichen Tagen; dass er für uns eintritt und uns vor Gott gerecht macht. In seiner Taufe ist das an Ihrem Vater und Schwiegervater geschehen. Seither gehört er zu denen, die Gott seinem Sohn gegeben hat, damit sie im Tode nicht zugrunde gehen.

So kann der Apostel Paulus in der Lesung schreiben: „Wenn wir mit Christus gestorben sind" – das heißt: als Getaufte –, „werden wir auch mit ihm leben; wenn wir standhaft bleiben, werden wir auch mit ihm herrschen; wenn wir ihn verleugnen, wird auch er uns verleugnen. Wenn wir untreu sind, bleibt er doch treu, denn er kann sich selbst nicht verleugnen" (2 Tim 2,11b–13). Das heißt: Auch wenn wir es aus menschlicher Schwachheit im Leben immer wieder an der Treue zu Gott fehlen lassen, bleibt Christus doch treu, um uns vor dem Vater gerecht zu machen und uns zum ewigen Leben zu führen. Eine großartige Zusage des barmherzigen Gottes!

So dürfen wir zuversichtlich sein, dass Ihrem Vater, Ihrem Schwiegervater und Opa bei seinem Sterben am Tag vor Heiligabend, wie wir im Lied „Stille Nacht, heilige Nacht" singen, „die rettende Stund'" geschlagen hat: dass er nun ganz bei Gott ist, von guten Mächten wunderbar geborgen. Und wir wollen uns trösten mit jener Hoffnung, die wir in diesen weihnachtlichen Tagen feiern und die Dietrich Bonhoeffer in der fünften Strophe seines Neujahrsgedichts so zum Ausdruck gebracht hat:

Lass warm und hell die Kerzen heute flammen,
die du in unsre Dunkelheit gebracht.
Führ, wenn es sein kann, wieder uns zusammen.
Wir wissen es, dein Licht scheint in der Nacht.

Wie Phönix aus der Asche

Wenige Tage nach Aschermittwoch verstarb eine 85-jährige Heimatvertriebene. Ihrem bescheidenen Wesen entsprechend fand sie ihre Erfüllung im Dasein für andere als Hausfrau und Mutter. Vom Schicksal schwer getroffen wurde sie durch den frühen Tod von zwei ihrer vier Kinder.

Lesung: Gen 2,4b–9.15
Evangelium: Joh 20,19–22

Heute vor einer Woche haben wir mit dem Aschermittwoch die Fastenzeit begonnen. Als Zeichen der Buße und Einkehr ist uns dabei das Aschenkreuz auf die Stirn gezeichnet worden mit dem Begleitwort: „Bedenke, Mensch, dass du Staub bist und zum Staub zurückkehren wirst." Als gläubige Christin wäre Ihre Mutter, Ihre Schwiegermutter, Schwester und Oma da wohl mit dabei gewesen, wenn es ihre Gesundheit erlaubt hätte. Denn der Kirchgang war unserer Verstorbenen wichtig; den hat sie nur ausfallen lassen, wenn es wirklich gar nicht ging. Aber am Aschermittwoch ging es ihr eben gesundheitlich schon nicht mehr gut, so dass Sie, liebe Angehörige, am Tag danach den Arzt geholt haben, der sie wegen Wassers in der Lunge sofort ins Krankenhaus bringen ließ. Nur einen Tag später, in den frühen Morgenstunden des Freitags, ist sie dort im Alter von 85 Jahren gestorben.

Da ist das ernste Wort der Aschenauflegung für *N. N.* Wirklichkeit geworden. Unser Leben hier auf Erden bleibt nicht für immer. Wir kehren zurück zum Staub der Erde, von der wir genommen sind. In der Lesung haben wir den Ausschnitt aus der Schöpfungsgeschichte der Bibel gehört, wie Gott den Menschen aus Erde geformt und ihm den Lebensatem eingehaucht hat. „Von der Erde bist du genommen, und zur Erde kehrst du zurück", so heißt es deshalb am Grab bei der Beerdigung.

Staub, Asche – das ist das Letzte, was übrig bleibt, wenn etwas verbrennt oder vergeht: Sinnbild der Vergänglichkeit. Asche ist aber zugleich ein guter Dünger. In früheren Zeiten hat man die Asche aus dem Herd oder dem Ofen auf die Felder gestreut oder unter die Blumenerde gemischt, damit die Pflanzen besser wachsen und blühen. Zum Waschen hat man Asche in die Lauge gemengt. Das hat die Wäsche weißer gemacht. Vielleicht hat unsere Verstorbene das in ihrer Kindheit im Sudetenland in *N.* in der Landwirtschaft und im Gasthaus ihrer Eltern noch selbst so erlebt, wo sie als jüngstes Kind zusammen mit einem Bruder und zwei Schwestern aufgewachsen ist. Oder auch später, nach Krieg und Vertreibung, bei der Gartenarbeit, die sie so gerne getan hat, rund um das Haus in der *N.*-Straße hier in ihrer neuen Heimat *N.*, das sie nach der Hochzeit im Jahr 1950 mit ihrem Mann *N.* bewohnt hat und in dem sie sich bis vor ein paar Wochen auch im hohen Alter noch selbst versorgt hat.

Bei der Asche, die uns am Aschermittwoch als Erinnerung an die eigene Vergänglichkeit aufs Haupt gestreut wird, schwingt immer auch dieser zweite Aspekt mit. Asche lässt neues Leben erblühen. Aus der Asche erhebt sich neues Leben. Das bringt auch die Sage vom Phönix aus der Asche zum Ausdruck, jenem sagenhaften Wundervogel des Orients, der verbrennt und sich aus der Asche zu neuem Leben erhebt.

Und damit sind wir ganz nahe dran an unserem christlichen Glauben. Wenn unser Leben zu Staub zergeht, so glauben wir, dann ist es mit uns nicht einfach zu Ende, aus und vorbei. Das Wort am Grab – „Von der Erde bist du genommen, und zur Erde kehrst du zurück" –, das ist damit noch nicht zu Ende. Der Satz geht ja noch weiter: „Der Herr aber wird dich auferwecken." Durch Christus wird Gott uns zu einem neuen Leben rufen. Gott kann auch aus der Asche unseres Erdenlebens neues Leben schaffen.

Das hat Gott ja schon einmal getan; damals, als er uns ins Leben gerufen hat. Vorher waren wir nicht. Aus dem Staub der Erde hat Gott uns geschaffen, uns Leben geschenkt. Solche Lebendigkeit hat unsere verstorbene Schwester *N. N.* vor allem im Dasein als Hausfrau und Mutter für ihren Mann und ihre vier Kinder gespürt. Mit ihrem bescheidenen Wesen war sie gern für andere da. Beim Handarbeiten, vor allem beim Klöppeln, das sie von ihrer sudetendeutschen Heimat her sehr gut konnte, oder auch bei den Treffen des Frauenbundes hat sie selber Lebensfreude verspürt und genossen.

Wenn Gott uns aus dem Staub der Erde geschaffen und uns das Leben geschenkt hat, warum sollte er das am Ende unseres Lebens nicht wieder tun können – aus der Asche unseres zu Ende gegangenen

Erdenlebens uns ein neues Leben schaffen, das Leben der Auferstehung? Als der auferstandene Jesus seinen Jüngern erscheint, haucht er sie an und verleiht ihnen so seinen Heiligen Geist. Der Evangelist Johannes gestaltet diese Szene ganz bewusst als eine Anspielung auf die Erschaffung des Menschen im Buch Genesis. Christus haucht seinen Jüngern den Lebensatem dieses neuen Lebens der Auferstehung ein, so wie Gott dem Adam den Lebensatem dieses Erdenlebens eingehaucht hat. Diesen Lebensatem des Auferstandenen hat auch *N. N.* seit ihrer Taufe in sich getragen, und sie hat in ihrem Leben bewusst daraus gelebt. Sie hat also dieses neue Leben schon anfanghaft in sich getragen. Nun, so dürfen wir glauben, wird es sich voll entfalten.

Wenn wir an Auferstehung glauben, dann ist damit nicht eine Rückkehr in dieses alte Leben gemeint – quasi noch einmal von vorne. Dass noch keiner aus dem Tod zurückgekommen ist, ist deshalb kein Argument gegen den Glauben an die Auferstehung. Auferstehung meint vielmehr eine Neuschöpfung durch Gott, aus dem Tod heraus in eine ganz neue Art von Leben hinein. So wie Gott uns am Anfang unseres Daseins auch in eine für uns bis dahin nicht gekannte Art von Leben gerufen hat – aus dem Nichtsein, aus dem Staub der Erde, wie es die Bibel bildhaft sagt. Am Ende unseres Lebens, in unserem Tod, so sagt uns die Heilige Schrift, wird es ähnlich sein. Auch hier ein Durchgang zu einer anderen, neuen Art von Leben. An seinem Sohn Jesus Christus, in seinem Tod am Kreuz und seiner Auferstehung, hat Gott das für uns deutlich gemacht.

Am Aschermittwoch wird uns die Asche im Zeichen des Kreuzes aufs Haupt gestreut. Das Kreuz, der Tod ist der nötige Durchgang zu diesem neu geschaffenen Leben der Auferstehung – Durchgang, aber nicht Ende. Ihre Mutter hat selber im Leben so manches Kreuz erlebt und selbst getragen: als junge Frau die Vertreibung aus ihrer Heimat, den Tod ihrer beiden Söhne *N.* und *N.*, ihre Krebserkrankung vor ein paar Jahren. Nun richten wir das Kreuz über ihrem Grab auf. Durch Christus ist es für uns zum Zeichen der Hoffnung geworden. Zur Hoffnung, dass Gott mit seinem Sohn auch unsere verstorbene Schwester *N. N.* aus Tod und Grab zum neuen Leben erwecken wird; dass er ihr aus der Asche ihres Erdenlebens das neue Leben der Auferstehung schafft.

Drei Tage, die alles verändern

Eine 87-jährige, auch im Alter noch sehr agile Frau musste in der Österlichen Bußzeit nach einem Schwächeanfall ins Krankenhaus, wo sie innerhalb von nur drei Tagen rasend schnell körperlich verfiel und starb. In den Monaten davor mussten wir bereits zwei ihrer Geschwister zu Grabe tragen, die im gleichen Dorf lebten wie sie.

Lesung: Hos 6,1–2.3bcd
Evangelium: Joh 14,23–26

Eine Zeitungswerbung philosophiert zurzeit darüber, was man alles in drei Sekunden schaffen kann. Ein Radiosender wirbt für seine halbstündlichen Nachrichten mit dem Slogan: „Denn 30 Minuten können die Welt verändern." Ob es immer 30 Minuten sind, weiß ich nicht. Drei Tage jedenfalls können im Leben eines Menschen alles verändern. Das haben Sie bei Ihrer Mutter, Schwester und Oma erfahren müssen. Innerhalb von drei Tagen ist ihr Leben zu Ende gegangen.

Am Sonntag haben Sie sie noch erlebt als die gewohnt agile Frau, körperlich und geistig gut beieinander, ohne jedes Anzeichen von Krankheit oder Schwäche. In ihren 87 Lebensjahren war sie ganze drei Mal im Krankenhaus. Am Montag dann ein Schwächeanfall – nichts Dramatisches, so hat es ausgesehen –, dennoch die Einlieferung ins Krankenhaus, um die Ursache zu ergründen, wo sich dann innerhalb von drei Tagen ein rasanter körperlicher Verfall eingestellt hat, bis sie am Mittwochnachmittag für alle überraschend – auch für die Ärzte – verstorben ist. In drei Tagen hat sich alles verändert.

Auch für Sie als Angehörige. Innerhalb von drei Tagen ist die Beziehung zu Ihrer Mutter eine ganz andere geworden: vom Sohn, von der Tochter zum Hinterbliebenen. Es braucht Zeit, das zu verarbeiten, dass die eigene Mutter nun nicht mehr greifbar bei Ihnen ist, eine neue innere Beziehung zu ihr aufzubauen. Das braucht Zeit – mehr als drei Tage.

Zum dritten Mal innerhalb von wenigen Monaten sind wir nun beisammen, um einem der Geschwister *N.* das letzte Geleit zu geben. Im Juni haben wir ihre Schwester *N.* zu Grabe getragen, im September den Bruder *N.*, heute ist es die Schwester *N.* Wenn wir dieses Sterben von drei Geschwistern so kurz aufeinander anschauen, dann wird die Bitte, die wir jedes Mal am offenen Grab an Gott richten – für den aus unserer Mitte, der als Nächster dem Verstorbenen vor Gottes Angesicht folgen wird –, dann wird diese Bitte plötzlich sehr persönlich und familiär. Als wir am Grab ihres Bruders *N.* diese Bitte ausgesprochen haben, da hat wohl niemand so konkret daran gedacht, dass Ihre Mutter einer der Nächsten, die Nächste, aus ihrer Familie sein würde.

Denn wir alle haben unsere Verstorbene gekannt als eine lebensfrohe und aufgeschlossene Frau, körperlich und geistig fit. Auch in ihrem hohen Alter hat sie aktiv am Leben teilgenommen. So war sie zum Beispiel beim Frauenbund sehr engagiert mit dabei. Noch letzte Woche hat sie an der Gründung eines monatlichen Seniorentreffs der Pfarrei mitgewirkt. Regelmäßig hat sie Besuche im Seniorenheim bei alten Schulfreundinnen und Bekannten gemacht, auch wenn es ihr manchmal hart angekommen ist, all das Leid von Bekannten und Gleichaltrigen mit anschauen zu müssen. Dass sie diesen Besuchsdienst dennoch durchgehalten hat, da klingt für mich das anerkennende Wort Jesu durch: „Ich war krank, und ihr habt mich besucht. … Das habt ihr mir getan" (Mt 25,36b.40c). Für sich selbst hat Ihre Mutter immer darauf gehofft, dass ihr ein langes Siechtum erspart bleibt. Dieser Wunsch ist ihr nun in Erfüllung gegangen.

Unsere Verstorbene hat wirklich gern gelebt. Nachdem ihr Mann 1985 gestorben war, was für Ihre verstorbene Mutter ein schwerer Schlag war, hat sie einen Kreis von Freundinnen gefunden, mit denen zusammen sie vieles unternommen hat. Gemeinsam wussten sie das Leben zu genießen. Beim Kartenspielen, beim Kaffeekränzchen oder auf gemeinsamen Reisen – und zwar durchaus auch weiter weg, auch mit über 80 Jahren. Noch im Krankenhaus hat sie von ihren Plänen für die nächste Reise gesprochen.

Eine besondere Freude war es für unsere Verstorbene, dass die beiden ältesten ihrer sieben Enkelkinder regelmäßig zu ihr zum Mittagessen kamen und sie für sie kochen konnte. Das half ihr, dranzubleiben am Leben der jungen Generation und am Zeitgeschehen, für das sie sich auch im hohen Alter immer noch sehr interessiert hat.

Bei aller Freude an den schönen Dingen des Lebens hat Ihre verstorbene Mutter aber dennoch ein sehr diszipliniertes und geordnetes Leben geführt. Ihre Herkunft aus der kleinen Landwirtschaft in *N.*, wo sie tatkräftig mit anpacken musste, und ihre Arbeit als Zimmermädchen und Beiköchin in verschiedenen Stellungen, bevor sie 1941 ihren Mann geheiratet hat, und auch später als Hausfrau und Mutter von fünf Kindern – diese ehrliche Arbeit mit ihren eigenen Händen hat sie das wohl gelehrt. Ohne eine solche Ordnung wäre das alles gar nicht zu schaffen gewesen. In dieser disziplinierten und konsequenten Art hat sie auch ihre fünf Kinder erzogen. Auch unter manchen eigenen Entbehrungen hat sie Ihnen, liebe Angehörige, eine schöne Kindheit bereitet, so manches für Sie möglich gemacht und Ihnen zu einer guten Ausbildung verholfen.

Zu der konsequenten Lebensart unserer Verstorbenen hat es auch gehört, dass sie nicht vergessen hat, wem sie ihr Leben und die kleinen und großen Freuden daran zu verdanken hatte. Das Wort Jesu aus dem heutigen Evangelium – „Wenn jemand mich liebt, wird er an meinem Wort festhalten" (Joh 14,23) –, das trifft auf Ihre verstorbene Mutter und Oma zu. Sie hat am Wort Gottes festgehalten. Sie war eine sehr gläubige Frau und gehörte zu den regelmäßigen Kirchgängern unserer Gemeinde, auch werktags. Am letzten Sonntag war sie schon auf halbem Weg zur Kirche, als sie wegen des schlechten Wetters wieder umgekehrt ist. „Dann gehe ich eben am Mittwochabend", hat sie gesagt. Dazu ist es nicht mehr gekommen. Wenn es stimmt, dass unser Todestag unser Geburtstag für den Himmel ist, dann hat sie da schon teilnehmen dürfen an der himmlischen Liturgie vor dem Thron Gottes. Denn wir dürfen für Ihre Mutter glauben, dass Christus sie bei ihrem Sterben zu sich genommen hat und sie nun vor Gottes Angesicht lebt.

Drei Tage haben Ihr Leben total verändert. Drei Tage sind es auch, die unser menschliches Sterben total verändert haben: jene drei Tage von Karfreitag bis Ostersonntag, auf deren Feier wir in diesen Wochen wieder zugehen. Auch Christus ist gestorben – wie wir alle. Aber am dritten Tag ist er auferstanden von den Toten und hat damit den Tod in Leben verwandelt – auch unseren Tod. Durch Christus hat sich die Verheißung des Propheten Hosea erfüllt, die wir in der Lesung gehört haben: „Nach zwei Tagen gibt Gott uns das Leben zurück, am dritten Tag richtet er uns wieder auf, und wir leben vor seinem Angesicht" (Hos 6,2). Seit Christus gilt dieser Satz uns allen. Und Christus sagt ihn heute ganz persönlich Ihrer Mutter zu: *N.*, wo dir das Leben Wunden gerissen hat – am dritten Tag gibt Gott dir das Leben zurück, und du wirst leben vor seinem Angesicht. Dort darfst du die ganze Fülle des Lebens genießen.

Wo Gräber sind, da ist auch Auferstehung

Am Gründonnerstag verstarb im Seniorenheim nach längerer Krankheit eine 92-jährige ehemalige Gastwirtin. Im Alter war sie in unsere Gemeinde gezogen und hatte sich bald darauf ein Grab auf dem örtlichen Friedhof reserviert. Trotz vieler schwerer Schicksalsschläge hat sie immer wieder erleben dürfen, wie am Ende doch alles gut geworden ist. Die Liturgie der Drei Österlichen Tage, die bei ihrer Beerdigung gerade hinter uns lagen, deutet den Angehörigen den Lebens- und Glaubensweg ihrer verstorbenen Mutter und Oma.

Lesung: Röm 6,3–11
Evangelium: Joh 14,1–6

„Nur wo Gräber sind, gibt es Auferstehung", so steht es auf einer Spruchkarte geschrieben, die mir jetzt, zu Ostern, in die Finger gekommen ist. Sie stehen heute an einem Grab. Sie trauern um Ihre Mutter und Schwiegermutter, Ihre Oma und Uroma. Der Tod eines lieben Angehörigen schmerzt. Eben noch hatten Sie Ihre Schwiegermutter im Seniorenheim besucht, wenige Stunden danach kam der Anruf, dass sie verstorben ist. So müssen wir sie heute zu Grabe tragen.

Aber als Christen, die wir gerade Ostern gefeiert haben, stehen wir am Grab mit einem österlich verwandelten Herzen. Vorgestern haben wir die Auferstehung Christi gefeiert und damit die Hoffnung auf ein Leben nach dem Tod auch für uns. So stehen wir am Grab, aber schauen zugleich über das Grab hinaus: Wir haben den Blick auf den Auferstandenen gerichtet. Seit Ostern wissen wir: Wo Gräber sind, da ist auch Auferstehung.

Am Gründonnerstag ist Ihre Mutter gestorben, also zu der Zeit, als wir die Dreitagefeier vom Leiden und Sterben, von der Grabesruhe und der Auferstehung Jesu Christi begonnen haben. So können wir sagen: Unsere Verstorbene ist mit Christus in diesen Weg durch Leiden und Sterben zur Auferstehung hineingegangen. Durch ihre Krankheit hat sie in den letzten Jahren zudem teilgehabt am Leiden Christi, ist ihm darin gleich geworden. So dürfen wir gläubig darauf vertrauen, dass sie mit Christus auch an das Ziel dieses Weges gelangt ist: zur Auferstehung, zum ewigen Leben in der Herrlichkeit Gottes.

Bei ihrer Taufe ist unsere Verstorbene hineingetaucht worden in dieses Paschamysterium Christi. Dort ist sie – wie es der Apostel Paulus schreibt – mit Christus mitgestorben, mit ihm mitbegraben und auferstanden. Was damals auf unsichtbare, symbolische Weise geschehen ist, das ist nun anschauliche Wirklichkeit geworden. Die ersten beiden Etappen auf diesem österlichen Durchgang vom Tod zum Leben – den Karfreitag und den Karsamstag, das Mitsterben und Mitbegrabenwerden – erleben wir an Ihrer verstorbenen Mutter in diesen Tagen sichtbar mit. Der dritte Schritt – das Mitauferstehen mit Christus, sozusagen der Ostersonntag –, der bleibt unseren menschlichen Augen verborgen. Aber warum sollte er für uns deshalb weniger real sein als die ersten beiden?

In ihrer Lebensgeschichte hat unsere Verstorbene auch immer wieder Karfreitagserfahrungen machen müssen. Zum Beispiel als ihr Ehemann im Krieg nach Stalingrad musste und von dort aus der russischen Kriegsgefangenschaft nicht mehr heimgekehrt ist und sie seither Witwe geblieben ist. Oder im Mai 1946 die Vertreibung aus ihrer sudetendeutschen Heimatstadt *N.*, wo sie in einer großen Fabrik Arbeit gefunden hatte, womit sie sich und ihre beiden Söhne ernähren konnte. Das waren für unsere Verstorbene harte Karfreitage. Sie haben es in der Todesanzeige für Ihre Mutter mit einem Wort von Heidi Sperling sehr zutreffend beschrieben: „Dein Leben war nicht leicht, wohl meist."

Aber Sie haben mit dazugesetzt: „... doch Du hast es gelebt." Denn Ihre Mutter hat in ihrem Leben durch diese Karfreitage hindurch auch immer wieder Ostererfahrungen machen dürfen: dass es am Ende doch wieder gut geworden ist. Etwa als sie zu Ihnen, Herr *N.*, ihrem ältesten Sohn, und Ihrer Familie gezogen ist, wo sie auf ihre hilfsbereite Art viel mitgeholfen hat beim Aufbau und beim Betrieb Ihrer Gastwirtschaft. Oder auch, dass sie hier in *N.* und zuletzt im Nikolaheim in *N.* einen so langen Lebensabend genießen durfte: an ihren fünf Enkeln und fünf Urenkeln das Heranwachsen der nächsten und übernächsten Generation zu erleben; ihren Lieblingsbeschäftigungen nachgehen zu können, dem Handarbeiten, Tanzen und Bummelngehen. 92 Jahre durfte sie alt werden. Das ist beileibe nicht jedem vergönnt.

Sind das nicht auch Ostererfahrungen? Kleine alltägliche Abbilder von Auferstehung? So dürfen wir zuversichtlich sein, dass unsere Verstorbene jetzt auch das große Ostern erleben darf: die Auferstehung aus dem Tod zum ewigen Leben bei Gott.

Als sie 1986 hierher gezogen sind nach *N.*, so haben Sie mir erzählt, da hat sich Ihre Mutter und Schwiegermutter bald darauf auf unserem Friedhof ein Grab reserviert. Sie hat sich selber den Platz auf dem Gottesacker, bei unserem Herrgott, ausgesucht, wo sie einmal begraben werden wollte. Aber nicht nur auf dem Friedhof, auch in einem geistig-geistlichen Sinn hat unsere Verstorbene ihren Platz bei Christus gesucht. Durch ein Leben aus jenem Glauben, auf den sie getauft worden ist.

So wie Ihre Mutter und Schwiegermutter, Ihre Oma und Uroma Christus in ihrem Leben einen Platz bereitet hat, so wird er nun ihr einen Platz im Himmel bereiten, wie Christus uns im Evangelium versprochen hat: „Im Haus meines Vaters gibt es viele Wohnungen. ... Ich gehe, um einen Platz für euch vorzubereiten. Wenn ich gegangen bin und einen Platz für euch vorbereitet habe, komme ich wieder und werde euch zu mir holen, damit auch ihr dort seid, wo ich bin" (Joh 14,2–3).

Am Gründonnerstag hat Christus Ihre Mutter zu sich geholt, in ihre ewige Wohnung, an ihren Platz im Haus des Vaters. So stehen wir heute an ihrem Grab. Mit einem traurigen Herzen. Aber seit Ostern wissen wir: Wo Gräber sind, da gibt es auch Auferstehung.

Ansprachen mit Bezug zum Beruf oder Hobby der/des Verstorbenen

Nichts mehr zu machen

Ein 66-jähriger ehemaliger Bauhelfer verstarb nach einer Notoperation im Krankenhaus. Der Verstorbene liebte es, mit seiner eigenen Hände Arbeit etwas zu schaffen. Wenn er auch sonst den Weg zur Kirche nur gelegentlich fand, war er doch sehr stolz, am Neubau der örtlichen Pfarrkirche mitgewirkt zu haben.

Lesung: Röm 6,3–11
Evangelium: Joh 14,1–6

Als man Ihren Mann am Freitag wegen heftiger Blutungen ins Krankenhaus nach *N.* eingeliefert und noch in der Nacht einer Notoperation unterzogen hat, da haben Ihnen die Ärzte wenig Hoffnung gemacht. Zu massiv waren seine Erkrankungen und zu schwer geschädigt seine inneren Organe nach 30 Jahren schwerer Zuckerkrankheit und acht Jahren Dialyse. In der Vergangenheit hatte er seinem Körper manchmal wohl auch mehr zugemutet, als für ihn gut gewesen ist. Das letzte Jahr war er immer wieder im Krankenhaus. Daheim war er auf intensive Pflege durch Sie, seine Frau, angewiesen, brauchte Morphiumpflaster gegen die starken Schmerzen, die ihm sehr zugesetzt haben und ihn mitunter mürrisch werden ließen.

Es kam, wie die Ärzte befürchtet haben: Ihr Mann hat die Operation nicht überstanden. Am Samstagmorgen ist er verstorben, ohne dass er nochmals aufgewacht wäre. „Da war nichts mehr zu machen", so hat es der Arzt Ihnen gegenüber formuliert.

Dieser Satz ist bezeichnend: Es war nichts mehr zu machen. Wir Menschen sind gewohnt, etwas machen zu können, die Dinge selbst in der Hand zu haben. Ja, wir leben bisweilen so, als wäre für uns alles machbar. Doch wenn jemand schwer krank wird oder beim Sterben eines Menschen, da müssen wir schmerzlich erleben, dass in dieser Welt eben doch nicht alles menschlich machbar ist; wie ohnmächtig wir letztlich doch sind. Wir haben den Lauf der Dinge nicht selber in der Hand.

Sicher, wir dürfen manches machen in dieser Welt. Wir dürfen mitarbeiten an Gottes Schöpfung. Dazu hat uns Gott berufen. Dieser

Berufung ist *N. N.* nachgekommen. Nach der Kindheit auf dem Anwesen seiner Eltern in *N.* und nach seiner Schulzeit in *N.* ist er als Bauhelfer zum Bau gegangen, zuerst nach *N.* und *N.* Danach war er zwölf Jahre bei der Firma *N.* in *N.* Nach dieser Zeit hat er die elterliche Landwirtschaft übernommen. Die Arbeit im Wald und in der Landwirtschaft war sein Lebensinhalt. Daneben war er als Gemeindearbeiter tätig, zunächst in *N.*, danach in *N.* Seine Kollegen, aber auch viele andere haben unseren Verstorbenen dabei als sehr hilfsbereiten Menschen kennengelernt.

N. N. hat mit seiner Hände Arbeit etwas geschafft. Er hat teilgenommen an dem Machen, das uns Menschen aufgetragen und das uns möglich ist. Aber immer wieder erfahren wir eben auch, dass wir dabei an unsere Grenzen stoßen – wo unsere Möglichkeiten, wo unser Machen nicht hinreicht. Vor allem und auf eine sehr grundlegende Weise dann, wenn uns der Arzt sagt: „Da ist nichts mehr zu machen."

Dann dürfen wir uns getrost ganz und gar Gott überlassen. Denn er hat das alles Entscheidende für unser Leben schon längst gemacht: in seinem Sohn Jesus Christus. In seinem Sterben und seiner Auferstehung, sagt Paulus – wir haben es vorhin in der Lesung gehört –, hat Gott dem Tod ein für alle Mal die Macht genommen und uns Leben erworben – durch den Tod hindurch. Das hat Gott in Christus ein für alle Mal für uns gemacht. Als Getaufte, sagt der Apostel, sind wir mit Christus gekreuzigt, mit ihm gestorben und auferstanden. Und wer deshalb mit Christus verbunden lebt, der wird nach seinem Tod auch an der Auferstehung Christi teilhaben.

In der Taufe hat unser Verstorbener an dieser von Gott gewirkten Erlösung Anteil erhalten, ist er in dieses neue Leben hineingenommen worden, das uns Christus eröffnet hat. Und daran hat er für sein Leben Maß genommen. Er hat redlich versucht, die Liebe zu Gott und den Nächsten, die uns Christus aufgetragen hat, mit Leben zu erfüllen. So war Ihr Mann immer bemüht, es den anderen recht zu machen, was sich geäußert hat in so kleinen Dingen wie zum Beispiel in seiner Sorge, dass das Grab seiner Mutter immer schön mit Blumen gerichtet war. Blumen hat er selber sehr geliebt, wie überhaupt alles Bunte. Aber vor allem in der Sorge für Sie, seine Frau. 26 Jahre waren Sie miteinander verheiratet und füreinander da. Kinder zu haben, ist Ihnen aufgrund seiner Krankheit leider verwehrt geblieben. Noch am Freitagabend im Krankenhaus, als Ihr Mann schon wusste, dass er vielleicht nur mehr wenige

Stunden zu leben hat, hat er noch alles testamentarisch geregelt, soweit ihm das möglich war, um Ihnen eine gute Zukunft zu sichern.

Mit besonderem Stolz hat unseren Verstorbenen erfüllt, dass er seinerzeit am Bau der neuen *N.*er Kirche mitwirken konnte. Mitbauen zu können an einem Ort für Gott, wo die Menschen dem Heiligen begegnen, das hat ihm viel bedeutet. Er hat deshalb immer von „meiner Kirche" gesprochen, auch wenn er selber den Weg zum Gottesdienst eher unregelmäßig gefunden hat. Ich denke, das zeigt etwas von seiner Liebe zu Gott – dennoch.

An Gottes Haus hat unser verstorbener *N. N.* mitgebaut – wortwörtlich: als Bauhelfer, aber auch im übertragenen Sinn: durch ein christlich geprägtes Leben. In diesem Haus des Vaters gibt es viele Wohnungen, sagt Jesus. In diese ewige Wohnung Gottes, so dürfen wir glauben und uns damit trösten, hat Christus Ihren Mann nun aufgenommen, damit er auf ewig dort bei Christus ist.

Gott ist ganz leise

Im Alter von 75 Jahren starb nach einer langwierigen Krebserkrankung eine Ehefrau und Mutter, die mit einer außergewöhnlich schönen, sehr feinen Singstimme gesegnet war. Sie hat ihre Stimme oft und gern zur Freude vieler Zuhörer und zur Ehre Gottes erklingen lassen. Auch sonst war die Verstorbene eine sehr feine, einfühlsame und achtsame Person.

Lesung: 1 Kön 19,8d.9a.11b–13d
Evangelium: Joh 20,1.11–18

Es gibt ein Neues Geistliches Lied, das nun auch in unser neues *Gotteslob* eingegangen ist, das heißt: „Gott ist ganz leise, willst du ihn hören, werde ganz still." Das ist die Erfahrung, die zahllose Generationen von gottgläubigen Menschen gemacht haben: Gott drängt sich nicht auf. Er überwältigt uns nicht mit seiner Macht. Das hat Elija in seiner Höhle am Horeb so gespürt. Gott war nicht im Sturm, nicht im Erdbeben, nicht im Feuer, nicht in diesen gewaltigen Naturerscheinungen. In einem sanften, leisen Säuseln erkennt Elija schließlich die Gegenwart Gottes. Und genauso hat es auch Maria bei der Verkündigung erlebt. Gott überfährt sie nicht mit seinem Plan. Er schickt einen Engel, einen sanften Boten. Sein Geist überschattet sie. Und er überlässt Maria das Ja zu seinem Plan.

So ist Gott. Er wohnt nur einen Spaltbreit hinter der Tür unserer sichtbaren Wirklichkeit. Und er klopft immer wieder leise an unserer Tür an. Wer seine Stimme hört und ihm öffnet, bei dem tritt er ein. Gott tritt nicht mit Gewalt an uns heran, wie es in einem Gebet im Messbuch heißt, er kommt zu uns mit seinem einladenden Wort. Mit der nötigen Achtsamkeit können wir ihn erfahren. Das ist Gottes ureigenste Melodie.

Der hl. Ignatius von Antiochien legt seiner Gemeinde deshalb ans Herz: „Nehmt Gottes Melodie in euch auf!" Ich denke, diesen Rat hat *N. N.* beherzigt. Ihre Ehefrau und Mutter, Ihre Schwiegermutter und Oma war ein sehr einfühlsamer und achtsamer Mensch; achtsam für

Gott und achtsam für ihre Mitmenschen. So fein und zart wie ihre Singstimme, so war ihr ganzes Wesen.

Ihre ausnehmend schöne Stimme, das war wahrlich eine Gottesgabe, die unserer verstorbenen Schwester geschenkt worden ist. Sie war ein Naturtalent im Singen. Mühelos konnte sie zu einem Lied einfach so eine zweite oder dritte Stimme drüber singen. Und sie hat dieses Talent gern eingesetzt: bei Volksmusiktreffen, bei Weihnachtsfeiern des Heimat- und Wandervereins, für Urlaubsgäste, bei Seniorennachmittagen in *N.* und *N.*, wo Sie jahrzehntelang gelebt haben, und auch in *N.*, dem Ort ihrer Kindheit und Jugend, wo die „Bäcker-*N.*", wie man sie genannt hat, vor 75 Jahren zur Welt gekommen und in der Bäckerei und im Lebensmittelgeschäft ihrer Eltern aufgewachsen ist und nach ihrer Schulzeit selbst dort mitgearbeitet hat und an den sie vor neun Jahren wieder gezogen war, und nicht zuletzt auch im Kirchenchor in *N.* und *N.* Zur Ehre Gottes hat *N. N.* ihre schöne Stimme besonders gern erklingen lassen.

Nach ihm hat sie mit ihrem Leben bewusst Ausschau gehalten, wo uns in den Dingen dieser Welt Gottes wehender Mantelsaum streift, wo sich eine Ahnung von ihm erhaschen lässt, wo er an der Tür unseres Herzens anklopft. Von dieser achtsamen Gottsuche sprechen ihre regelmäßige Mitfeier der Gottesdienste, ihre Wallfahrten zu vielen schönen Kirchen der Umgebung, die vielen religiösen Kunstgegenstände in ihrem Haus, die sie gesammelt hat und die nicht einfach nur Sammlerstücke waren, sondern echte Zeichen für ihren Glauben und Andachtsgegenstände für ihr Beten.

Dieselbe einfühlsame Aufmerksamkeit hat *N. N.* auch im Umgang mit ihren Mitmenschen an den Tag gelegt. Allen voran in ihrer Familie, für die sie als Hausfrau und Mutter liebevoll gesorgt hat, dass alles passt: für ihren Ehemann, mit dem sie 53 Jahre verheiratet war, für ihre beiden Söhne *N.* und *N.*, denen sie eine fürsorgliche Mutter gewesen ist, für ihre zwei Enkelkinder, an denen sie ihre besondere Freude hatte. Von *N.* aus hat sie sich jahrelang auch um ihre alt gewordenen Eltern in *N.* gekümmert und ihre Mutter schließlich vier Jahre im eigenen Haushalt gepflegt.

Und auch allen anderen Menschen ist unsere Verstorbene auf diese sachte, achtsame Art begegnet: freundlich, zuvorkommend, friedfertig, zurückhaltend, den anderen nicht mit dem eigenen Wollen überfahren, aber offen und interessiert für ihre Mitmenschen, was auch ihre Mitgliedschaften bei der DJK *N.*, beim Bayerischen Wald-Verein und beim Roten Kreuz dokumentieren. Unsere verstorbene Schwester im Glauben hatte ganz offensichtlich die sanfte Melodie ihres Herrn und Gottes mit ihrem Wesen verinnerlicht.

Dabei hat *N. N.* ihre Lebensmelodie beileibe nicht immer in Dur gesungen, da gab es auch düstere Molltöne darunter: die Belastung, dass ihre sechs Geschwister jeweils kurz nach der Geburt gestorben sind, der schwere Unfall ihres Sohnes *N.* als Jugendlicher und das Bangen um ihn – und nun, in den letzten drei Jahren, ihre schwere Krankheit. Vor ziemlich genau drei Jahren erhielt sie die Diagnose: Krebs. Trotz mehrerer Operationen, verschiedener Chemotherapien und einer Vielzahl von Bestrahlungen mit all den Nebenwirkungen, die sie auszuhalten hatte, war nie eine dauerhafte Besserung eingetreten. Sie als Familie haben sich in dieser Zeit ihrer schweren Erkrankung sehr um Ihre Frau, Ihre Mutter, Schwiegermutter und Oma gekümmert und sie auf diesem Weg gut begleitet. Heute vor einer Woche ist sie auf der Palliativstation im Krankenhaus in *N.*, gut umsorgt, so wie sie es sich gewünscht hatte, gestorben. Es war am Ende gut, dass sie sterben konnte. Sie hatte selbst schon seit einiger Zeit innerlich ins Sterben eingewilligt.

So stehen wir heute wie Maria im Evangelium am Grab unserer verstorbenen Schwester und weinen wie Maria um einen geliebten Menschen. Und wie sie fragen auch wir, was mit unserer Verstorbenen nun ist. Wo ist sie jetzt? Was dürfen wir für sie hoffen? Unser Glaube sagt uns, dass Gott auf die Seinen achthat und sie im Tod nicht verloren gehen lässt. Darum ist er uns mit der Macht seiner Gottheit zu Hilfe gekommen und hat uns aus unserer menschlichen Sterblichkeit gerettet, hinein in ein neues, unvergängliches Leben, wie es in einer Präfation zum Hochgebet der Messe heißt. In wenigen Tagen, an Ostern, wird uns das feiernd in Erinnerung gerufen. Wir haben heute schon einen Ausschnitt aus dem Osterevangelium gehört.

Es ist eine ganz zarte, ja zärtliche Begegnung, die Johannes da schildert, zwischen Maria und dem Auferstandenen, den sie zunächst für den Gärtner hält. Auch für Ihre Ehefrau und Mutter war der Garten immer ein besonders geliebter Ort. Eigentlich grotesk, dass Maria Jesus nicht erkennt, bei allem, was sie von ihm gewusst und mit ihm erlebt hatte. Aber ihre Augen sind gehalten und wie verschleiert vom trauernden Weinen. So ähnlich geht es wohl auch Ihnen in diesen Tagen, liebe Familie *N.*

Aber dann geschieht das Entscheidende. Es geht nicht von Maria aus, sondern von Christus. Das Entscheidende im Glauben geht nie vom Menschen aus. Der Auferstandene gibt sich ihr zu erkennen, indem er sie anspricht, bei ihrem Namen anspricht: „Maria!“ Und auch ihr reicht nun ein einziges Wort, um ihren Glauben an das auszusprechen, was ihr die Engel zuvor schon gesagt haben, dass Jesus auferstanden ist und lebt: „Rabbuni – Meister!“, so spricht sie ihn an.

Maria – Rabbuni: zwei Namen nur, aber eine ganze Ostergeschichte. So zart und persönlich, in der Begegnung zwischen einem Menschen und Christus, geschieht Auferstehung. Das dürfen wir auch für Ihre Ehefrau und Mutter, Ihre Schwiegermutter und Oma glauben. Sacht und leise rührt Gott uns heute an, um diese Hoffnung in unseren Herzen aufleben zu lassen. Wir dürfen glauben, dass der auferstandene Christus unsere Schwester im Glauben in ihrem Sterben gerufen hat, um sie mitzunehmen auf seinen Weg hinauf zum himmlischen Vater, sie bei ihrem Namen gerufen hat: „*N.*“ Und dass sie die Stimme ihres Herrn erkannt und ihm geantwortet hat: „Mein Herr und Meister!“, um ihm zu folgen in seine ewige Herrlichkeit, wo er sie einreihen wird in den Chor der Erlösten, die vor Gottes Thron das neue Lied singen – in reinem Dur der ewigen Freude über Gott.

Das Puzzle unseres Lebens

Ein 75-jähriger Ehemann und Vater mit vielfältigen Talenten legte als eines seiner vielen Hobbys gerne Puzzles. Die Predigt versucht, die vielen Puzzleteile seines Lebens zu einem Lebensbild zusammenzufügen. Ein ausgesprochen religiöses Leben hat der Verstorbene nicht geführt; er hat die Kirche aber geschätzt als eine kulturstiftende und wertevermittelnde Institution.

Lesung: Weish 11,23–12,1
Evangelium: Joh 6,37–40

Ein Leben lang sind wir damit beschäftigt, unserem eigenen Leben Gestalt zu verleihen. Aus allem, was wir tun, denken, sagen, formt sich unser Leben, nimmt das Bild von uns Gestalt an. Unser Leben gleicht damit einem großen Puzzle, das es für uns zusammenzufügen gilt, so wie das Ihr Ehemann und Vater gerne als Hobby getan hat. Aus vielen Einzelteilen fügt sich das Bild unseres Lebens.

Da gibt es so manches Vorgegebene; dort, wo man hineingeboren wird und aufwächst; die Rahmenbedingungen, unter denen ein Leben sich entfalten kann; sozusagen der Rand des Puzzles. Für *N. N.* war dies seine Kindheit und Jugend in *N.*, wo er am *[Datum]* geboren und zusammen mit drei Geschwistern aufgewachsen ist. Seinen Vater hat er nie wirklich kennengelernt, weil der schon im Krieg gefallen ist, als *N.* noch ein Kleinkind war.

Zu diesem Rahmen gehören das Temperament, der Charakter und die Talente, die einer in die Wiege gelegt bekommt. Bei unserem Verstorbenen: seine Aufgeschlossenheit für Neues, seine Unternehmungs- und Reiselust, der sportliche Typ, der er war – fesch, lustig, stets braungebrannt. Zugleich aber sehr anhänglich und auf die Familie bedacht.

Diesen vorgegebenen Rahmen, in den wir durch unsere Geburt hineingestellt werden, den füllen wir mit unserem je eigenen Leben aus. Aus vielen Einzelstücken ergibt sich schließlich das Bild unseres Lebens. Solche Puzzleteile seines Lebens waren für *N. N.* sein Beruf als

Schlosser; zuerst in *N.* und dann, nach dem Umzug 1975 hierher, als Betriebsschlosser bei *N.* in *N.* 25 Jahre hat er dort gearbeitet, bis er vor zehn Jahren in Rente gegangen ist.

Ein zentrales Puzzleteil im Leben unseres Verstorbenen ist die Ehe mit seiner Frau *N.* In *N.*, beim Skifahren, haben sie sich kennengelernt: er als Gebirgsjäger dort, sie als Fräulein von der Post. Bald darauf wurde geheiratet. Und die Ehe hat gehalten, durch 50 Jahre hindurch. Letztes Jahr im Sommer konnten Sie miteinander noch die goldene Hochzeit feiern. Ein weiteres Puzzlestück im Leben von *N. N.*, das ganz eng damit verbunden ist, ist der Teil als Familienvater: durch seine beiden Kinder *N.* und *N.* und mit seinem Enkel *N.* Auf seine Familie hat er ganz viel gehalten. Ihr Ehemann und Vater, so haben Sie ihn mir geschildert, war ein absoluter Familienmensch.

Ein weiteres wichtiges Puzzleteil seines Lebens war für unseren verstorbenen Bruder das Freibad in *N.* Seit 2005 war er dort als Bademeister beschäftigt. Jeweils von Mai bis September war er stets im Bad anzutreffen, hat das Wasser aufbereitet und die Schwimmer beaufsichtigt, während seine Frau den Kiosk dort betrieben hat. Diese Aufgabe im Freibad, das war ihm in seinem Ruhestand die liebste Beschäftigung.

In dieses Lebensbild von *N. N.* gehören aber auch noch andere Puzzleteile, die ein Leben hell und bunt machen, die Farbe ins Leben bringen, die Ausdruck von Lebensfreude sind. Für ihn war das vor allem die Lust am Reisen, etwas von der Welt sehen. Quer durch Europa, nach Amerika und einmal sogar für drei Monate nach Australien haben ihn seine Reisen geführt. Oder manchmal auch nur nach St. Englmar, um dem Nebel der nahen Donau zu entfliehen und dort Sonne zu tanken. In der Sonne sitzen, ob in der freien Natur oder auf seinem Balkon, das war für ihn Lebensfreude. Ebenso die Treffen der Reservistenkameradschaft, wo er sehr aktiv dabei war.

Alles das fügt sich zusammen zum Lebensbild von *N. N.* Er hat viel von der Welt gesehen; er hat ein schönes und erfülltes Leben gehabt. In den zurückliegenden Monaten freilich hatte sich abgezeichnet, dass nun wohl die letzten Teile seines Lebenspuzzles zu legen waren, seit vor eineinhalb Jahren bei ihm Krebs festgestellt worden war und sein Gesundheitszustand immer schlechter wurde. Zuletzt haben Sie ihn zu Hause gepflegt. Am vierten Adventssonntag ist Ihr Ehemann, Ihr Vater, Schwiegervater und Opa im Krankenhaus in *N.* schließlich friedlich und ohne Schmerzen eingeschlafen.

Liebe Angehörige, liebe Trauergemeinde, solange wir leben, ist das Bild, dem wir mit unserem Leben Gestalt geben, veränderbar – wie bei einem Puzzle. Wir können neue Bausteine hinzufügen, Steine austauschen, Schwerpunkte verrücken, Entscheidungen korrigieren. Manches bleibt vielleicht auch Stückwerk – wo wir einzelne Puzzleteile falsch gelegt haben. Sie stören das Bild, das sich Gott von uns gemacht hat. Der Tod jedoch macht ein Lebensbild endgültig. Wie ein fertiggestelltes Puzzle, das versiegelt und als Bild an die Wand gehängt wurde.

Wenn wir beim Tod eines Menschen auf sein Leben zurückblicken, dann stellt sich uns die Frage: Was ist der Mensch? Was bleibt am Ende? Wenn wir heute auf das Leben Ihres verstorbenen Bruders, Schwagers und Onkels schauen, dann sehen wir dieses äußere Lebensbild von *N. N.*; das, was vor unseren Augen ist. Doch was sieht wohl Gott, wenn er das Leben unseres Verstorbenen anschaut?

Natürlich auch all das, was wir sehen. Aber darüber hinaus, so dürfen wir glauben, wird er in ihm sein geliebtes Geschöpf erkennen: von Gott aus Liebe ins Dasein gerufen; von Gott berufen zur Gemeinschaft mit ihm. In diese Lebensgemeinschaft mit Gott ist Ihr Ehemann und Vater hineingetauft worden. Ein ausgesprochen religiöses Leben, in dem er diese Lebensgemeinschaft mit Gott gezielt gepflegt hätte, hat unser Verstorbener nicht geführt, wie Sie mir erzählt haben. Er hat jedoch Glaube und Kirche als kulturstiftende und wertevermittelnde Institution anerkannt. So hat er zum Beispiel auf seinen Reisen gerne Kirchen als Ausdruck religiöser Kultur besichtigt. Auch in seinem ethischen Empfinden, in dem, was recht oder unrecht ist im Leben, im Umgang mit den Mitmenschen und mit den Dingen dieser Welt, darin hat er sich leiten lassen von christlichen Grundsätzen. Das wird Gott nicht übersehen.

In der Lesung aus dem Buch der Weisheit haben wir vorhin den Satz gehört: „Du" – Gott – „liebst alles, was ist, und verabscheust nichts von allem, was du gemacht hast; denn hättest du etwas gehasst, so hättest du es nicht geschaffen" (Weish 11,24). Dieses Wort Gottes macht uns zuversichtlich, dass Gott, bei aller Gebrochenheit menschlichen Lebens, in jedem Menschen – auch in unserem Verstorbenen – sein geliebtes Geschöpf wiedererkennen wird.

Auch für ihn hat Gott das Leben seines Sohnes eingesetzt, um ihn aus Sünde und Tod zu erlösen. Er ist Mensch geworden wie wir, damit Gott in uns lieben kann, was er in seinem eigenen Sohn geliebt hat, wie es in einer Präfation beim Hochgebet der Messe heißt. Das meint: Seit der Menschwerdung seines Sohnes erkennt Gott in jedem Menschengesicht auch seinen geliebten Sohn Jesus Christus wieder – das, was er an ihm geliebt hat –, und er wird deshalb aus Liebe zu ihm auch uns, seine Menschenschwestern und -brüder, nicht verloren gehen lassen.

So haben wir Jesus im Evangelium selbst sagen hören: „Es ist … der Wille Gottes …, dass ich keinen von denen, die er mir gegeben hat, zugrunde gehen lasse, sondern dass ich sie auferwecke am Letzten Tag. … Und wer zu mir kommt, den werde ich nicht abweisen" (Joh 6,39.37b). Auf dieses Wort wollen wir unsere Hoffnung setzen, nun, da Ihr verstorbener Ehemann, Ihr Vater, Schwiegervater und Opa mit seinem fertigen Lebensbild vor seinen Schöpfer tritt: dass er ihn nicht abweisen wird, sondern ihn zur Vollendung führen wird; dass er in Christus den Schlussstein setzt – wie das letzte Teil eines Puzzles –, der das Bild seines Lebens zur Vollendung bringt. Und dieses Bild zeigt erlöstes, ewiges Leben bei Gott.

Die Koffer gepackt für die Lebensreise

Die Verstorbene ist im Verlauf ihrer 76 Lebensjahre mehrmals umgezogen und viel gereist. Koffer packen für die Reise war für sie ein häufig wiederkehrendes Motiv. Davon ausgehend versucht die Predigt, den Hinterbliebenen ihr Sterben aus dem Glauben, in dem die Verstorbene gut beheimatet war, zu deuten. In ihren letzten Lebensmonaten hatte sich der Geist der Verstorbenen schon weit entfernt.

Lesung: Gen 12,1–4a
Evangelium: Joh 21,1–14

Momentan ist Reise- und Urlaubszeit. Auch bei uns in Bayern brechen in wenigen Tagen die Schulferien an. Viele Menschen packen zurzeit ihre Koffer, um auf Reisen zu gehen. Im übertragenen Sinn hat Ihre Mutter und Schwiegermutter, Ihre Schwester und Schwägerin bei ihrem Sterben am vergangenen Samstag auch die Koffer gepackt: für die große Reise fort aus dieser Welt, der ewigen Heimat zu.

Wenn Gott uns ruft, dann heißt es aufbrechen. Wie bei Abraham in der Lesung, der Gottes Stimme hört: „Zieh weg aus deinem Land, von deiner Verwandtschaft und aus deinem Vaterhaus in das Land, das ich dir zeigen werde" (Gen 12,1), so heißt es auch für uns einmal, im Tod fortzuziehen aus unserem irdischen Heimatland, von den vertrauten Orten, an denen sich unser Leben abgespielt hat, von den Menschen, mit denen wir zusammengelebt haben. Am Samstag war für *N. N.* diese Zeit zum Aufbruch gekommen.

Aber diesem Ruf „Zieh weg …" ist von Gott her eine Verheißung mitgegeben. Gott ruft nicht nur weg von Heimat und Verwandtschaft, er stellt ein Ziel in Aussicht. „… in das Land, das ich dir zeigen werde", so sagt er dem Abraham. Dieses Versprechen gilt auch für unsere Verstorbene. Dieser Aspekt steckt ja mit drin in dem Bild vom Sterben als dem Aufbruch zu einer Reise. Abreisende verschwinden nicht einfach im Nichts; sie reisen ab, um anderswo anzukommen. Im Tod, so sagt uns unser Glaube, verlassen wir diese Welt, um in jenes neue Land hineinzuziehen, wo Christus uns eine ewige Heimat bereitet hat.

Koffer packen und aufbrechen, das hat sich im Leben von *N. N.* des Öfteren zugetragen. Nach ihrer Kindheit in der Schmiede ihrer Eltern und der Schulzeit hier in *N.*, der Ausbildung zur Damenschneiderin und ein paar Jahren in diesem Beruf als Akkordnäherin bei der Firma *N.* hat sie ihre Koffer gepackt und ist ihrer Schwester hinterher Richtung *N.* gezogen: nach *N.*, wo sie in einem Raumausstatterbetrieb Arbeit gefunden hat. Ein bisschen große weite Welt schnuppern, das hat unsere verstorbene Schwester zeitlebens geliebt und das war ihr durch ihre Arbeit in dem Betrieb in *N.* vergönnt, wenn sie dort zum Teil für die Filmbranche oder für Diplomaten gearbeitet hat, einmal sogar in Paris.

Nach der Hochzeit im Jahr 1960 mit ihrem Mann *N.*, den sie von *N.* her kannte, und der schönen Zeit zusammen mit ihm in *N.* wurden 1968 die Koffer dort gepackt, nachdem ihr Mann von seiner Firma aus den Bezirk hier im Bayerischen Wald zugeteilt bekommen hatte. So ging es zurück zu den Wurzeln ihrer Herkunft, nach *N.*, wo sie ihr Haus gebaut haben und mit ihren beiden Söhnen *N.* und *N.* vom Paar zur Familie geworden sind.

Von hier aus wurden auch als Familie regelmäßig die Koffer gepackt für die Fahrt in den Urlaub, zum Beispiel an den Neusiedler See, oder später für kleinere Ausflüge; einfach ein paar Tage irgendwohin, etwas anderes sehen. Fortfahren, sich auf Reise begeben, das war Ihrer Mutter zeitlebens wichtig.

Liebe Trauergemeinde, ein gepackter Koffer ist etwas sehr Persönliches. Sein Inhalt erzählt viel über diesen Menschen: über seine Vorlieben, seinen Beruf, seine Hobbys, seine Träume vielleicht; was ihm wichtig und wertvoll ist. Wenn wir heute in den imaginären Lebenskoffer von *N. N.* schauen, dann gehören da allen voran die Bilder ihrer Familie hinein: von ihrem Ehemann *N.*, ihren beiden Söhnen und ihren Geschwistern. Mit ihrem Mann war sie ein perfekt eingespieltes Team. Sein Tod vor gut drei Jahren war ein tiefer Einschnitt in ihrem Leben; dadurch hat sie viel von ihrem Lebensantrieb verloren. Ihre beiden Söhne hat sie als Mutter immer schützen wollen. Und mit ihren Geschwistern hat sie immer ein großer Zusammenhalt verbunden.

An der Art, wie der Koffer gepackt ist, lassen sich sofort das sehr genaue Wesen unserer Verstorbenen und ihr präzises Arbeiten ablesen.

In diesem persönlichen Koffer finden wir zudem viele schöne Dinge, denn dafür hatte *N. N.* einen ausgeprägten Sinn: für schöne Stoffe und Schnitte, für Mode, für Porzellan, für Musik und Kultur oder auch einfach schön essen gehen. Zwischen diesen Dingen spitzt uns aus ihrem Lebenskoffer ihr manchmal schelmischer Blick entgegen, der Ausdruck war für ihren speziellen, trockenen Humor, für manche treffende, knappe Spitze, die Ihre Schwester und Schwägerin mitunter loslassen konnte.

Auch ein Kreuz und ein Gebetbuch sehen wir in ihrem Koffer als Getaufte, als Christin, aber wohl eher in einem Seitenfach verstaut, denn gebetet – vor allem zur Gottesmutter Maria – hat sie meistens allein, für sich privat.

Mit diesem Koffer, vollgepackt mit alldem, was ihre Person ausgemacht hat, mit all den Erlebnissen und Erfahrungen aus 76 Lebensjahren, hat sich Ihre Mutter, Ihre Schwiegermutter und Oma am Samstag auf die letzte große Reise ihres Lebens gemacht: hinüber in unser ewiges Heimatland. Die letzten Monate ihres Lebens, vor allem seit ihrem Schlaganfall Ende vergangenen Jahres, seit sie bettlägerig war, die waren ein Immer-mehr-Weggehen von uns, manchmal voll bei Bewusstsein, an anderen Tagen wieder nicht. Ein Weggehen, so als ob ein Schiff aufs Meer hinausfährt und sich dabei immer weiter vom Ufer entfernt, bis es irgendwann hinter dem Horizont verschwindet. Dieser Moment ist mit dem Sterben Ihrer Mutter, Ihrer Schwester und Schwägerin für Sie als Hinterbliebene nun gekommen.

Die Zurückbleibenden am Ufer empfinden es dann so und sagen es auch vielleicht: Jetzt ist das Schiff weg. In Wirklichkeit ist das Schiff natürlich nicht weg. Es fährt weiter auf dem Meer; es ist nur unseren Blicken entzogen. Und vielleicht steht jemand am anderen Ufer des Meeres, blickt auf das Meer hinaus und sieht das Schiff am Horizont auftauchen und freut sich, dass das erwartete Schiff endlich bei ihm ankommt.

Liebe Schwestern und Brüder, so dürfen wir von unserem Glauben her auch unser menschliches Sterben verstehen. Wenn wir im Tod aus dieser Welt fortziehen und das Schifflein unseres Lebens hinter dem Horizont von Raum und Zeit aus dem Blick der Zurückbleibenden verschwindet, dann wartet Christus schon am anderen Ufer auf uns. Er hält nach uns Ausschau, um uns am Ufer der Ewigkeit zu empfangen, und heißt uns dort willkommen: Da bist du ja endlich, mein geliebter Sohn, meine geliebte Tochter!

So ähnlich erzählt ja auch das Johannesevangelium die Begegnung des Auferstandenen mit seinen Jüngern. Es ist dies nicht nur ein Bericht über das, was die Apostel nach Ostern erlebt haben, es ist ein Hoffnungsbild für das, was wir von Ostern her für uns und unser aller Leben erwarten dürfen. Nach einer Nacht auf dem See voller Arbeit und Mühe sehen die Jünger Christus am Ufer stehen. Im Licht des Ostermorgens erwartet sie der Auferstandene dort. Dieses Bild zeigt uns: Unser Leben steuert nach der Fahrt über das Meer der Zeit auf Christus zu. Er empfängt uns als der Auferstandene am Ufer des neuen, des ewigen Lebens.

Wenn wir dort ankommen, wird Christus uns nach unserem Leben fragen, so wie er die Jünger fragt, ob sie etwas zu essen haben, also was sie anzubieten haben. Christus wird mit uns unser Leben anschauen: was wir erreicht, was wir daraus gemacht haben, ob wir mit unserem Tun und Arbeiten etwas für Gott und sein Reich an Land gezogen haben. Wir dürfen zu ihm bringen, was wir im Leben geschaffen und erreicht haben, so wie die Jünger ihren Fang zu ihm bringen. Was immer wir ihm am Ende unseres Lebens übergeben können, er nimmt es an.

Doch tröstlich an dieser Geschichte ist, liebe Trauergemeinde: Sosehr Christus die Jünger auch nach dem fragt, was sie vorzuweisen haben – egal ob sie, wie zunächst, eingestehen müssen, dass sie ihm nichts anzubieten haben, aber auch als sie mit ihren prall gefüllten Netzen daherkommen –, am Ende ist es doch Christus selbst, der *ihnen* zu essen gibt.

In dieser Bemerkung des Evangelisten steckt für mich die Botschaft: Sosehr wir uns bemühen sollen, von unserer Lebensreise etwas Vorzeigbares mitzubringen, etwas, das der neuen Schöpfung Gottes zuarbeitet, das zum Segen für andere geworden ist, das dem Wachsen des Gottesreiches dient – Christus wird uns am Ende dennoch nicht allein nach dem bemessen, was wir vorzuweisen haben, und uns danach den ewigen Lohn zuteilen. Am Ende unserer Lebensreise wird er selbst es sein, der uns beschenkt, so wie die Jünger am Ufer mit Brot und Fisch; uns beschenkt mit jener Gabe, die er selbst uns erworben hat: mit dem ewigen Leben.

In dieser gläubigen Zuversicht lassen wir unsere verstorbene Schwester *N. N.*, mit den Koffern ihrer irdischen Lebensreise in der Hand, an Bord jenes Schiffes gehen, das sie fortbringt aus ihrem irdischen Heimatland und sie hinüberfährt an das Ufer der Ewigkeit, hinein in das neue Leben bei Christus.

Ein Baum, der am Wasser gepflanzt ist

Der 77-jährige Wald- und Naturliebhaber, der seine Leidenschaft für den Wald als Forstwirt zum Beruf gemacht hatte, ging nach seiner Krebsdiagnose ganz bewusst und von österlicher Hoffnung auf Auferstehung erfüllt auf sein Sterben zu. Vieles für seine Beerdigung hat er selbst vorbereitet. Sein Leben lang ging er zum Beten nicht in den Wald, sondern als gläubiger Christ und Marienverehrer ganz bewusst und regelmäßig in die Kirche. Die Angehörigen des Verstorbenen haben sich einen österlichen Beerdigungsgottesdienst gewünscht.

Lesung: Jer 17,5–8
Evangelium: Joh 3,16–18

„Wenn Gott mich ruft zu sich, ist meiner Seele höchster Feiertag; denn ich gehe zu dem, der mich am meisten liebt", so schreibt der hl. Augustinus einmal. Man zuckt fast ein wenig zusammen, wenn man diesen Satz hört. Denn wie kann man im Zusammenhang von Sterben, Tod und Trauer von einem Feiertag sprechen? Einen lieben, vertrauten Menschen im Tod hergeben müssen, das ist doch über die Maßen schmerzlich. So erleben es die Zurückbleibenden. Und auch für den, der da im Tod von dieser Welt gehen muss, schwingt wohl der Wehmut des Abschieds mit. Ein solcher Satz kann also nur aus einem tiefen Glauben gesprochen werden. Aus dem Glauben heraus, dass ich in meinem Tod nicht verloren bin, sondern noch Größeres gewinne; dass ich im Tod nicht einem seelenlosen, klappernden Sensenmann begegne, sondern dem lebendigen Gott, der mich – wie Augustinus schreibt – liebt wie kein anderer.

Das bekräftigt uns Jesus im Evangelium, das wir gerade gehört haben, wenn er darin sagt, Gott habe „die Welt so sehr geliebt, dass er seinen einzigen Sohn hingab, damit jeder, der an ihn glaubt, nicht zugrunde geht, sondern das ewige Leben hat" (Joh 3,16). Weil Gott uns so sehr liebt, darum lässt er uns auch im Tod nicht verloren gehen. Aus dieser gläubigen Überzeugung heraus kann Augustinus sagen: „Wenn

Gott mich ruft zu sich, ist meiner Seele höchster Feiertag; denn ich gehe zu dem, der mich am meisten liebt." Aus demselben Glauben heraus hat unser verstorbener Bruder *N. N.* gelebt, hat er seine schwere Erkrankung in bewundernswerter Manier angenommen und ist er auf den Tod zugegangen. Das dokumentiert auch der Spruch, den er selber für sein Sterbebild formuliert hat: „Freut euch, ich bin angekommen!"

Natürlich ist auch in Ihnen, liebe Familie *N.*, und in uns allen, die wir *N. N.* gekannt und ein Stück Leben mit ihm geteilt haben, Trauer über seinen Tod, über so vieles, was nun nicht mehr ist. Über den Ehepartner und treuen Weggefährten durch so viele gemeinsame Jahrzehnte. Über den großzügigen Vater, der seinen Kindern viel Freiraum gelassen hat. Über den originellen, ideenreichen und humorvollen Opa, der sehr viel für seine Enkel übrig gehabt hat. Unser Verstorbener war ein sehr familiärer Mensch. Wir betrauern den Natur- und Gartenfreund und allem voran den Waldliebhaber *N. N.*; einen Menschen, der erfüllt war von Reiselust, geschichtlich interessiert, voll Wissensdurst und Interesse für alles Neue; einen Mann, der sehr belesen und ein unterhaltsamer Gesprächspartner war.

An all das erinnern wir uns voll Dankbarkeit. Und dass das alles nun nicht mehr ist, das betrauern wir. Aber als Christen trauern wir anders. Nicht „wie die anderen" – wie der Apostel Paulus im ersten Brief an die Thessalonicher schreibt –, „die keine Hoffnung haben" (1 Thess 4,13). Denn wir wissen unser Leben verankert in Gott, bei dem – wie es Augustinus sagt –, „der mich am meisten liebt" und der uns deshalb auch im Tod nicht zugrunde gehen lässt.

Wer auf ihn seine Lebenshoffnung setzt, so hat es die Lesung in einem wunderschönen Bild zum Ausdruck gebracht, der gleicht einem Baum, der am Wasser gepflanzt ist. Auch wenn die Hitze von Krankheit und Leid über sein Leben kommt, auch in einem trockenen Jahr – wenn die Dürre von Sterben und Tod dieses irdische Leben absterben lässt –, hat er nichts zu befürchten. Er wird nicht zugrunde gehen, weil er in Gott verwurzelt ist, weil seine Wurzeln hinabreichen bis zu den Wassern des ewigen Lebens und ihm deshalb von Gott her neues Leben zufließt.

Dieses biblische Bild von Bäumen, gepflanzt am Wasser, als Abbild für unsere Gottesbeziehung, das, denke ich, war Ihrem Ehemann und Vater, Ihrem Schwiegervater und Opa, Ihrem Bruder und Schwager ganz besonders nahe und vertraut. Denn Bäume, Wald, das war ein ganz wichtiger Lebensinhalt für ihn. *N. N.* war ein Liebhaber des Waldes und ein Forstmann durch und durch. Schon sein Vater war Forstmeister gewesen; die ganze Familie waren Forstleute. Und so hat auch unser Verstorbener nach dem Abitur in *N.* und dem Studium der Forstwirtschaft in *N.* die Laufbahn als Beamter in der staatlichen Forstverwaltung eingeschlagen. Zuerst in *N.*, wo seine drei Kinder geboren wurden, dann in *N.* als stellvertretender Leiter des dortigen Forstamts und schließlich, von 1976 bis zu seiner Pensionierung im Jahr 1997, als Forstdirektor und Leiter des hiesigen Forstamtes in *N.* Sein liebstes Revier war ihm dabei der Staatswald rund um den Hirschenstein, wo *N. N.* Brunnen gebaut und Weiher angelegt hat. Auch der bekannte Mühlgrabenweg dort geht auf seine Initiative zurück.

Der deutsche Wald ist in aller Welt berühmt. Durch seine Arbeit hat unser Verstorbener auch seinen Anteil daran. Den Deutschen wird ja insgesamt ein besonderer Bezug zum Wald nachgesagt. Die Stille der Wälder als ein Ausdruck von Erhabenheit, die eine Ahnung des Ewigen vermittelt. So wird es ja auch in zahlreichen Gedichten und Liedern zum Ausdruck gebracht. *N. N.* hat selber für sein Sterbebild einen entsprechenden Text von Adalbert Stifter ausgesucht, dem großen Poeten des Bayerischen Waldes, in dem es heißt: „Der Wald ist schön, und mich dünkt, als sei er noch schöner als die Gärten und Felder, welche die Menschen machen – weil er ein Garten ist; aber ein Garten eines reichen und großen Herren, der ihn durch tausend Diener bestellen lässt." In diesem Text spricht sich auch seine eigene Liebe zum Wald aus.

Im Wald, diesem Garten Gottes, lässt sich ja in der Tat eine Ahnung des Schöpfers erhaschen und ein Bild für den Menschen entdecken. So wie die Bäume fest in der Erde verwurzelt sind und nach oben streben, dem Himmel zu, so leben wir Menschen auf dieser Erde und wachsen dem Himmel entgegen – und zwar nicht allein, sondern in Gemeinschaft mit anderen; erst viele Bäume zusammen ergeben einen Wald.

Aus dieser naturreligiösen Dimension des Waldes heraus meint ja mancher Christ für sich ableiten zu dürfen, dass man zum Beten nicht in die Kirche zu gehen brauche, sondern das genauso gut im Wald tun könne. Ich weiß nicht, ob und wie viele von denen, die das behaupten, *N. N.* als Forstmann tatsächlich dort beim Beten angetroffen hat. Er selbst jedenfalls ist zum Beten sehr wohl in die Kirche gegangen, ganz bewusst: zum Gottesdienst am Sonntag und bisweilen auch am Werktag. Dabei hat er seine Wurzeln ausgestreckt nach den Quellen des Lebens: nach dem lebendigen Gott, nach dem Wort des Lebens und zur Begegnung mit ihm im Sakrament der Eucharistie. Unser verstorbener Bruder war fest im christlichen Glauben beheimatet und hat diesen auch nach außen hin praktiziert. Dabei hat er eine besondere Verehrung der Muttergottes gegenüber gepflegt. Der Glaube an Gott und an Christus war sein festes Lebensfundament. In Gott hat er sich verankert gewusst mit seinem Leben, mit seinen Stärken und auch mit seinen Schwächen.

Dass Ihr Ehemann und Vater sehr wohl auch um eigene Schwächen gewusst hat, das spricht aus den Zeilen in seiner Lebensgeschichte, die er vor Jahren aufgeschrieben hat, in denen er beschreibt, wie er sich selbst sieht: „Ich galt, glaube ich, als zuverlässig und vertrauenswürdig. Mein Ehrgefühl war ziemlich hoch angesiedelt, was mit entsprechender Empfindlichkeit gepaart war … Falsch war ich nie, unbequem öfters, beliebt ab und zu." So seine eigenen Worte.

Aber dazu, so sagt Jesus im Evangelium, hat Gott ja seinen Sohn in die Welt gesandt: damit wir trotz unserer menschlichen Schwachheit, auch mit unserem Ungenügen, nicht zugrunde gehen; eben nicht, damit wir gerichtet werden wegen unserer Sünden, sondern damit wir durch ihn gerettet werden; auf dass uns durch den Tod hindurch neues Leben erblüht. Darum muss uns als Christen nicht bange sein, wenn unser irdisches Leben zu Ende geht, sondern können wir – wie wir immer wieder in der Messe beten – „voll Zuversicht das Kommen unseres Erlösers Jesus Christus erwarten". Und deshalb hat der hl. Augustinus recht, wenn er schreibt: „Wenn Gott mich ruft zu sich, ist meiner Seele höchster Feiertag." Denn – wie Sie, liebe Frau *N.*, so schön und treffend in der Todesanzeige für Ihren Mann geschrieben haben – „Gott ruft ins Leben – ob wir geboren werden oder sterben".

Du hast mein Klagen in Tanzen verwandelt

Die langjährige Witwe, Mutter und Oma, die im Leben viel auf sich allein gestellt und deren Ehe nicht wirklich glücklich gewesen war, starb nach einer Krebsdiagnose im Alter von 77 Jahren. Tanzen war ihre große Leidenschaft. Beim Tanzen erfuhr sie Lebensfreude. Darin und im Dasein für Kinder und Enkelkinder fand sie Erfüllung. Die Predigt greift das Hobby der Verstorbenen auf und verbindet es mit dem mittelalterlichen Motiv des Totentanzes, um so ihr Sterben christlich zu deuten.

Lesung: 1 Kor 15,20–24ac.28
Evangelium: Mt 28,1–8

Wie Sie mir erzählt haben, hat Ihre Mutter und Schwiegermutter, Ihre Oma, Schwester und Schwägerin sehr gerne getanzt. Das Tanzen war ihre große Leidenschaft. Vor allem in den Jahrzehnten seit dem frühen und plötzlichen Tod ihres Ehemanns *N.* ist sie oft und gerne mit Freundinnen und Bekannten oder mit ihrem Lebensgefährten *N.* zum Seniorentanz gegangen. Tanzen, das war für sie ein Stück Leben. *N. N.* – so wie sie mir geschildert worden ist – war eine lebensfrohe Frau.

Beim Tanzen kann man Leben spüren. In der Bewegung zur Musik den eigenen Körper spüren. Sich drehen um sich selbst oder um einen anderen. Sich auf den Tanzpartner einschwingen, mit einem anderen Menschen harmonisch übers Parkett gleiten. In diesen Dingen, die zum Tanzen gehören, drücken sich Wesenselemente unseres menschlichen Lebens aus: unsere Leiblichkeit, das Zusammenwirken mit anderen Menschen, die Harmonie, nach der wir uns alle sehnen.

Und darum ist der Tanz ein Symbol für unser Leben insgesamt. Dichter und Maler verdichten im Symbol des Tanzes, des Reigens, worum sich unser Leben dreht, was Inhalt eines Lebens ist. So auch in der Bibel, in den Psalmen vor allem. Bis hin zum Negativbeispiel des sprichwörtlich gewordenen Tanzes um das Goldene Kalb, wenn etwas zum alleinigen Mittelpunkt des Lebens wird, dem solche Aufmerksamkeit gar nicht zusteht.

Worum sich das Leben von *N. N.* gedreht hat, davon haben Sie, liebes Ehepaar *N.*, beim Trauergespräch ein wenig erzählt. Von der Kindheit Ihrer Mutter in *N.*, wo sie in der Landwirtschaft ihrer Eltern zusammen mit elf Geschwistern aufgewachsen ist, unter denen sie irgendwie einen besonderen Status hatte. Schon sehr früh ist sie von zu Hause weg, um bei anderen Bauern zu arbeiten, nicht nur in der näheren Umgebung, sondern gerne auch weit weg vom Bayerischen Wald, am Schliersee zum Beispiel.

Nach der arrangierten Hochzeit mit dem Bahnarbeiter *N. N.* aus *N.* hat sich das Leben unserer Verstorbenen vor allem um Ehe und Familie, um den Hausbau, den Haushalt und die Kinder gedreht. Weil ihr Mann viele Jahre beim Bauzug der Bahn beschäftigt war und deshalb die Woche über auswärts war, hat sich Ihre Mutter daheim um alles gekümmert. Bei ihr sind die Fäden zusammengelaufen: beim Hausbau, im Familienleben. Sie hat das Geld zusammengehalten.

Darin hat sich gezeigt, welch starke Frau *N. N.* war, hatte sie doch in dieser Zeit zudem auch manch Schweres zu bewältigen: den Tod ihres ersten Kindes *N.* etwa, das bereits in den ersten Wochen nach der Geburt gestorben ist; das viele Auf-sich-allein-gestellt-Sein; dazu der fatale Hang ihres Ehemanns zum Alkohol – ich glaube, das brauchen wir nicht zu verschweigen – und sein früher und plötzlicher Tod. Die Zeit danach war alles andere als einfach für Ihre Schwester und Schwägerin: das Haus noch nicht abbezahlt, das jüngste Kind noch eine Jugendliche. Aber sie hat es geschafft, die Familie zusammenzuhalten und auch das Haus zu behalten, indem sie neben ihrer Hausarbeit bei der Spedition und Familie *N.* putzen gegangen ist und sich um die kranke Mutter und die Enkelkinder dort gekümmert hat. Auch bei sich zu Hause hat sie eine Zeitlang Kinder als Tagesmutter betreut.

Der Halt und Lebensinhalt unserer verstorbenen Schwester, so haben Sie, liebe Angehörige, mir erzählt, das waren in dieser schwierigen Zeit, wie schon immer, ihre Kinder – die beiden eigenen *N.* und *N.* – und später ihr Schwiegersohn *N.*, der wie ein weiterer Sohn in die Familie aufgenommen worden ist; und schließlich ihre vier Enkelkinder; vor allem ihr beiden, *N.* und *N.*, die ihr mehr oder weniger im Haus eurer Oma mit aufgewachsen und Tag für Tag bei ihr ein und aus gegangen seid. Ihr habt zu eurer Oma ein besonders nahes und enges Verhältnis gehabt. Und das hat eure Oma auch genossen. Wie unsere

Verstorbene wohl überhaupt eine kommunikative Frau gewesen ist, was sich auch in ihren vielen und langen Telefonaten ausgedrückt hat.

Liebe Angehörige, liebe Schwestern und Brüder, in wenigen Strichen ist damit der Reigen skizziert, in dem sich das Leben von *N. N.* bewegt, worum sich ihr Leben gedreht hat. Das Leben im Bild eines Tanzes.

Und auch unser menschliches Sterben, der Tod, wird in der Kunst seit dem Mittelalter und vor allem im Barock gern mit dem Bild des Tanzes dargestellt: dem sogenannten Totentanz. Ganz in unserer Nähe, in der Friedhofskapelle in Haselbach, haben wir ein schönes Beispiel dafür. Der Totentanz veranschaulicht, wie der Tod mitten in die Lust des Lebens hereintritt, für die der Tanz ein so ausdrucksstarkes Symbol ist. Wie er keinen auslässt, vom König und Bischof über den Kaufmann und Bauern bis hin zum Bettler. Wie der Tod den Menschen von seinem Platz im Leben wegholt wie bei der Aufforderung zum Tanz im Tanzsaal. Aufgrund dieser Analogien hat die Kunst dieses Bild vom Totentanz hervorgebracht.

Ihrer Mutter, die selber so gerne getanzt hat, wäre dieses Bild wohl besonders eingängig gewesen. Im Januar ist der Tod mit seinem Vorboten in Gestalt ihrer Krebsdiagnose in ihr Leben getreten. Einige Tanzrunden hat sie seither sozusagen noch drehen können, das Leben in den zurückliegenden Monaten noch bewusst gelebt und genossen. Sie haben ihr die verbleibende Zeit so schön gemacht, wie es ging. Am Mittwochabend hat sie der Tod nun vom Tanzboden dieser Welt weggeführt.

In den Augen dieser Welt hat es sich mit unserem Tod ausgetanzt. Doch unser Glaube sagt uns: Das Leben geht dennoch weiter. Trotz mancher Fragen und Zweifel ist Ihre Mutter diesem Glauben nahegestanden, wenn auch eher im Verborgenen.

Im Evangelium haben wir eben gehört, wie Christus in seiner Auferstehung die Mauern von Tod und Grab durchbricht und zu neuem Leben aufersteht. Und auch hierfür hat man das Motiv des Tanzes bemüht. Es gibt im Christentum eine Bildtradition, die den auferstandenen Christus als Herrn des Tanzes erscheinen lässt. Im Tanzschritt tritt der Auferstandene aus dem Grab.

Das Leben lässt sich nicht einsperren in die Mauern eines Grabes. Es bricht sich neue Bahn. Das Leben drängt neu hervor aus den Trümmern des Todes und strebt dem Anbruch eines neuen Morgens zu: dem Ostermorgen der Auferstehung. Christus hat die Tore dazu aufgestoßen. Er ist der Erste, der diesen Schritt ins neue Leben getan hat, wie Paulus in der Lesung schreibt. Aber er ist nicht der Einzige geblieben. Nach ihm folgen alle, die zu ihm gehören.

Ich weiß nicht, welche Tänze Ihre Mutter, Ihre Schwiegermutter und Oma bevorzugt hat, ob da auch die Polonaise darunter war; aber gekannt hat sie diese Tanzform ganz bestimmt. Ganz ähnlich wie bei einer Polonaise bildet die Osterikone der Ostkirchen das Ostergeschehen, unseren Glauben an die Auferstehung, ab. Darauf ist zu sehen: Das Tor der Unterwelt, in die Christus nach seinem Tod am Kreuz hinabgestiegen ist, ist aufgesprengt. Christus hat die Ketten des Todes zerrissen. Schwungvoll wie ein Tänzer tritt er aus dem Dunkel des Todes hervor. Und wie der Anführer einer Polonaise fasst Christus dabei den Adam hinter sich bei der Hand und dahinter eine lange Menschenkette von Verstorbenen und führt sie aus dem Tod heraus, dem Himmel entgegen.

Darum beten wir heute für unsere Verstorbene: dass Christus sie einreiht in diese Tanzreihe der Erlösten und sie dem neuen und ewigen Leben entgegenführt. Und Ihnen, liebe Angehörige, wünsche ich, dass Sie nach diesen Tagen des Abschiednehmens und der Trauer erfahren dürfen und mitsprechen können, wie es im Buch der Psalmen heißt: Gott, „du hast mein Klagen in Tanzen verwandelt“ (Ps 30,12).

Darf's ein bisschen mehr sein?

Kurz nach ihrem 80. Geburtstag verstarb die ehemalige Besitzerin eines Lebensmittelgeschäfts. In ihrem Beruf, aber auch sonst im Umgang mit ihren Mitmenschen hat die Verstorbene mehr getan als bloßen Dienst nach Vorschrift. Sie hat sich in der Arbeit fleißig eingesetzt, war bereit, mehr zu tun als das, was man von ihr verlangen konnte. Ihren Mitmenschen gegenüber hat sie ein großzügiges Verhalten an den Tag gelegt. Auch in ihrem religiösen Leben hat sie mehr als ein Durchschnittschristentum gezeigt.

Lesung: Eph 3,14–21
Evangelium: Mt 20,1–16a

„Darf's ein bisschen mehr sein?" – Wie oft wird unsere Verstorbene diesen Satz in ihrem Leben wohl zu den Kunden in ihrem Lebensmittelgeschäft gesagt haben, wenn beim Abwiegen der Waren etwas mehr auf der Waage war als verlangt? 1956 – nach Kindheit und Jugend in *N.*, wo *N. N.* mit zwei Geschwistern aufgewachsen ist, und nach der Hochzeit mit ihrem Mann *N.* – hat sie zunächst in *N.* einen Kramerladen gepachtet und fünf Jahre später, verbunden mit dem Umzug hierher, das Lebensmittelgeschäft in der *N.*-Straße in *N.* gekauft, das sie bis 1991 mit Unterstützung von Ehemann und Tochter geführt hat. Am *[Datum]* – nach 30 Geschäftsjahren – hat der Laden geschlossen; derselbe *[Datum]* ist nun zum Sterbetag Ihrer Ehefrau und Mutter geworden, hat sich ihr Lebenskreis geschlossen, nachdem sie in den letzten Jahren immer wieder mit Krankheiten zu kämpfen hatte. Nach ihrem 80. Geburtstag im März dieses Jahres kam eines nach dem anderen an Krankheiten, so dass sie seither nicht mehr auf die Füße gekommen ist. An den Folgen eines Schlaganfalls, den sie am Sonntagabend erlitten hat, ist sie nun gestorben.

„Darf's ein bisschen mehr sein?" – Diese Kaufmannsfrage scheint auch hinter dem Evangelium auf, das wir gerade gehört haben. Am Ende des Tages, als die Arbeiter ihren Lohn ausbezahlt bekommen, erhalten die Arbeiter der späteren Stunden mehr als gedacht.

„Mit dem Himmelreich ist es wie …“ (Mt 20,1), so leitet Jesus sein Gleichnis von den Arbeitern im Weinberg ein. Das heißt: So ist Gott. Mit diesem Gleichnis macht Jesus deutlich: Gott gibt dem Menschen nicht nur das, was einer verdient, genau abgewogen nach dem, was jemand geleistet hat, sondern er gibt uns, was wir für unser Leben brauchen. Der eine Denar, den alle Arbeiter im Gleichnis als Lohn erhalten, das war damals genau jene Summe, die ein Tagelöhner nötig hatte, um seine Familie für diesen einen Tag ernähren zu können. Gott rechnet also nicht kleinkrämerisch, was einem zusteht, sondern er schenkt dem Menschen, was er nötig hat; weil der Mensch immer mehr braucht, als er selbst leisten und sich verdienen kann. In dieser barmherzigen Gerechtigkeit wird Gott allen gerecht.

Und daran, meint Jesus, sollen wir auch in unserem Umgang miteinander Maß nehmen. Dem Mitmenschen nicht nur mit der Frage begegnen, was man von mir verlangen kann, worauf der andere ein Recht hat, was einer in diesem Sinn verdient. Es darf ruhig ein bisschen mehr sein. Also dem anderen großzügig geben, was er nötig hat, was ihm guttut, was seinem Leben aufhilft. Das ist das christliche Plus, zu dem uns Jesus herausfordert. An mehreren Stellen im Evangelium kommt das zum Vorschein. Etwa wenn Jesus seine Jünger provozierend fragt: „Wenn ihr nur die liebt, die euch lieben, welchen Lohn könnt ihr dafür erwarten? Tun das nicht auch die Zöllner? Und wenn ihr nur die grüßt, die euch grüßen; tun das nicht auch die Heiden?“ (Mt 5,46–47). Bei den Jüngern Jesu darf und soll es mehr sein als ein bloßes „Wie du mir, so ich dir“. Das Gleiche steckt hinter der Mahnung des Evangelisten: Wenn Gott uns so sehr geliebt und seinen einzigen Sohn für uns hingegeben hat, dann müssen auch wir ein Stück Leben für unsere Schwestern und Brüder einsetzen und drangeben. Christen leben in der Nachfolge Jesu dieses Plus – sollen es zumindest leben; nicht immer schaffen wir es. Aber daran sollen wir unser Maß nehmen. Es darf bei uns ruhig ein bisschen mehr sein.

Dieses christliche Plus ist im Leben von *N. N.* wiederzuentdecken. Beruflich hat sie in den Jahren, in denen sie ihr Lebensmittelgeschäft geführt hat, ein überdurchschnittliches Arbeitspensum gestemmt, war äußerst fleißig, hat viel und hart gearbeitet und nebenbei noch mitgeholfen, das Haus in der *N.*-Straße herzurichten.

In 58 Jahren Ehe und in der Erziehung ihrer zwei Kinder *N.* und *N.* hat unsere Verstorbene ein Stück eigenes Leben drangegeben, um anderen ein gutes Leben zu ermöglichen, den Weg ins Leben zu ebnen; ebenso in der Beziehung zu ihren drei Enkelkindern. Zuletzt durfte sie noch die ersten Lebensmonate ihres Urenkels *N.* miterleben, der ihr Herz aufleben hat lassen.

Auch im Umgang mit den vielen Mitmenschen, mit denen sie durch ihr Geschäft in Kontakt gekommen ist, war bei Ihrer Ehefrau und Mutter, Ihrer Schwiegermutter und Oma dieses Plus an menschlicher Zuwendung zu erleben in Form von Freundlichkeit, Liebenswürdigkeit, einer Genauigkeit, die es dem anderen recht machen wollte, und Aufgeschlossenheit für ihre Mitmenschen. *N. N.* hat es mit jedem gut gekonnt, mit Bekannten wie mit Fremden. Das drückt sich auch in ihrer Vereinszugehörigkeit zum Frauenbund aus, wo sie Gründungsmitglied war, sowie im Bayerischen Wald-Verein. Das Wandern in den Bergen, das war – neben ihrem Garten und den Blumen – ein Hobby unserer Verstorbenen.

Und auch in ihrem Glauben als Christin, im religiösen Leben, durfte es bei unserer verstorbenen Schwester im Glauben gern ein bisschen mehr sein als ein Durchschnittschristentum. Als gläubige, praktizierende Christin hat es *N. N.* mit dem Kirchgang und mit einem nach Gottes Geboten gestalteten Leben sehr genau genommen. Einmal ist sie sogar zu Fuß von *N.* nach Altötting gepilgert. Mehr als zehn Jahre lang hat sie zusammen mit ihrem Mann den Schließdienst für unsere alte Pfarrkirche St. Georg übernommen, damit diese für Besucher zum Gebet offen steht. Ein ganz wertvoller Dienst, für den sie aber nichts nehmen wollte.

Mit diesem gelebten christlichen Plus hat unsere Verstorbene etwa ganz Wesentliches davon verwirklicht, wie Gott uns Menschen begegnet, ist sie ihm darin ein Stück weit ähnlich geworden. Er gibt uns in seiner Güte mehr, als wir verdienen, uns durch eigene Leistung selbst verschaffen können. Am deutlichsten wird das wohl im Tod, wo wir gar nichts mehr aus eigener Kraft bewirken können, wo unsere menschlichen Möglichkeiten ganz und gar zu Ende sind. Doch bei Gott darf es immer ein bisschen mehr sein. In seiner Güte gibt er uns dann – wie es in der Lesung geheißen hat – „unendlich viel mehr …, als wir erbitten oder uns ausdenken können" (Eph 3,20). Das dürfen wir auch für unsere Verstorbene erhoffen: ein Plus an Leben, über unseren Tod hinaus; das neue Leben der Auferstehung. Denn Gott lässt sich in diesem Plus, das er schenkt, von uns nicht übertreffen. Er hat seinen einzigen Sohn für uns hingegeben; „wie sollte er uns mit ihm“ dann „nicht alles schenken“ (Röm 8,32), was er zu geben hat: das ewige Leben, so überlegt der Apostel Paulus zu Recht im Brief an die Römer.

Und auch, wenn wir in unserem Leben dieses christliche Plus an Liebe zu Gott und dem Nächsten nicht immer durchgehalten haben, wenn wir etwas schuldig geblieben sind oder uns die unbestimmte Sorge bedrängt, wie das Ihre Mutter auf ihrem Sterbebett geäußert hat, sie könnte es irgendwo im Leben vor Gott vielleicht doch nicht recht gemacht haben, so dürfen wir dennoch zuversichtlich sein, dass Gott unseren ewigen Lohn nicht danach abwägen und kleinkrämerisch zuteilen oder uns vorenthalten wird, sondern ihr in seiner barmherzigen Güte den einen Denar an verheißenem Lohn geben wird: das ewige Leben. Ob wir es nun verdient haben oder eher nicht. Einfach weil wir es nötig haben. Denn ohne diese Güte wären wir verloren. Und es gibt auch nicht einen ersten, einen dritten, sechsten, neunten oder elften Himmel, zugemessen je nach irdischer Leistung. Gottes Gnade ist immer unverdient. Bei dem, was er uns gibt – ob in Zeit oder Ewigkeit –, darf es immer etwas mehr sein; mehr als wir verdienen; dieses Plus an Leben für alle, die auf ihn vertrauen.

Der rote Faden im Leben

Mit 83 Jahren verstarb die ehemalige Inhaberin des örtlichen Kramerladens, die mehr als 30 Jahre lang Kirche und Leichenhaus der Filialgemeinde versorgt hatte und sich auch sonst im kirchlichen Leben der Filialgemeinde äußerst verdient gemacht hatte. Dabei ist ihr im Leben manches Harte, wie die jahrelange Parkinsonerkrankung ihres Ehemanns, den sie aufopfernd gepflegt hat, nicht erspart geblieben. In ihrer Freizeit hat sie leidenschaftlich gern gestrickt. Eine tiefe, echte Frömmigkeit zog sich wie ein roter Faden durch ihr Leben.

Lesung: Jer 32,27.37–42.44b
Evangelium: Joh 10,14–15.27–29

N. N. hat ihr Leben lang gern und viel gestrickt. Socken vor allem; für Kinder und Enkel, für die Nachbarn, für Bekannte; auch ich habe ein Paar von ihr geschenkt bekommen. Im Alter war das ihre Hauptbeschäftigung: in der Küche sitzen und stricken, in ihrer häuslichen Umgebung, wo sie sich wohl gefühlt hat, neben ein wenig Hausarbeit, die sie noch tun konnte, und der Pflege ihres schwerkranken Mannes, in der sie die letzten Jahre völlig aufgegangen war, bis er heuer am *[Datum]* gestorben ist. Bald danach, als diese große Lebensaufgabe, dieser Lebensinhalt, für sie weggefallen war, ist unsere Verstorbene selbst schwer krank geworden, ihr irdischer Lebensfaden immer dünner und brüchiger geworden. Am Mittwochmorgen ist er überraschend schnell und plötzlich gerissen. Nur kurze Zeit also war Ihre Mutter, Ihre Schwiegermutter und Oma von ihrem Mann durch den Tod getrennt, mit dem sie 61 Jahre lang verheiratet war. Nun dürfen wir sie wieder vereint wissen.

Das Bild vom Lebensfaden, der reißt oder abgeschnitten wird, ist auch der Bibel geläufig. Der leidende Ijob klagt zum Beispiel: „Schneller als das Weberschiffchen eilen meine Tage, der Faden geht aus, sie schwinden dahin“ (Ijob 7,6). Und im Buch Jesaja betet der todkranke König Hiskija: „Wie ein Weber hast du mein Leben zu Ende gewoben, du schneidest mich ab wie ein fertig gewobenes Tuch“ (Jes 38,12).

Das Hobby von *N. N.*, das Stricken, ist also durchaus ein gutes Bild für unser Leben. Masche für Masche wächst die Strickarbeit, Tag für Tag fügen wir dem Ganzen unseres Lebens ein Stück hinzu, so wachsen wir unserer Vollendung entgegen. Von einer Pfarrangehörigen habe ich einmal eine nette Karte bekommen mit einer Miniaturstrickarbeit vorne drauf. Unter der Überschrift „Wir stricken unser Leben jeden Tag ein Stück weiter" findet sich darin eine Reihe von Parallelen zwischen dem Stricken und unserem menschlichen Leben.

Da heißt es zum Beispiel: „Manche wählen beim Stricken ein kompliziertes Muster, andere ein schlichtes." Das Lebensmuster von *N. N.* war kein extravagantes, sondern einfach gestrickt, wie bei so vielen Frauen ihrer Generation. In der Kramerfamilie *N.* in *N.* ist sie am *[Datum]* geboren worden und zusammen mit vier Geschwistern aufgewachsen. Mit 14 Jahren schon hat sie eine Hauswirtschaftsstelle angetreten, zunächst in *N.*, später dann bei einer Bäckersfamilie in *N.* 1953 hat sie ihren Mann *N.* geheiratet und damit das landwirtschaftliche Anwesen samt Kramerladen in *N.* übernommen. Es folgten Jahrzehnte, angefüllt mit viel Arbeit: in der Landwirtschaft, wo unsere Verstorbene gerne draußen auf dem Feld war, im Haushalt, im Kramerladen, den sie geführt hat, in der Sorge um eine gute Erziehung und Ausbildung ihrer drei Kinder *N.*, *N.* und *N.* Während ihr Mann zusätzlich in die Arbeit ging und im landwirtschaftlichen Betrieb daheim gearbeitet und die Entscheidungen getroffen hat, hat sie zu Hause im Hintergrund die Geschäfte geführt, die Finanzen verwaltet, notwendige Anschaffungen finanziell umgesetzt.

Ein Leben wie bei so vielen, ohne außergewöhnliches Muster. Aber darauf kommt es auch nicht an, was wir im Leben Besonderes zuwege bringen. Viel wichtiger ist, mit welcher inneren Einstellung und Lebenshaltung wir an unserem Leben stricken; ob das, was uns zufällt und im Leben aufgetragen ist, ob das mit Liebe und Hingabe geschieht. Und das hat Ihre Mutter und Oma getan: im liebevollen Dasein für ihre Familie, mit der Freude und dem Interesse, mit dem sie das Aufwachsen ihrer vier Enkelkinder begleitet hat. Das dörfliche Miteinander und ein gutes nachbarschaftliches Verhältnis waren ihr wichtig, und sie hat selber viel dafür getan. *N. N.*, so habe ich sie erlebt, konnte sehr gut vom anderen her denken – was der brauchen könnte, was ihm gut täte –, wollte es jedem recht machen. Sie konnte von sich selbst absehen zugunsten anderer. So hat sie die Herzen ihrer Mitmenschen erreicht. Und darum ist sie uns ans Herz gewachsen und erfüllt uns ihr Tod mit Trauer.

„Das Strickwerk unseres Lebens", so heißt es weiter in meiner Karte, „ist ein buntes Maschenwerk oder ein Stück in tristen Farben." Die bunten Maschen im Leben von *N. N.*, das war mit Sicherheit das gute Miteinander in der Familie, mit ihren Geschwistern, die Freude an der Gesellschaft mit ihren Mitmenschen – in der Nachbarschaft, im Dorf, in der Pfarrei oder auch als Mitglied beim Frauenbund *N.*, wo sie gerne an den Veranstaltungen und Ausflugsfahrten teilgenommen hat.

„Nicht immer können wir die Farbe selber wählen", zieht der Text in meiner Karte den Vergleich zwischen dem Stricken und unserem Leben weiter aus, „und auch die Qualität der Wolle wechselt: mal weich und wolkenflauschig, mal kratzig und hart." Dass das Leben auch seine Härten hat, das hat unsere verstorbene Schwester erleben müssen, als das Leben bei ihrem Sohn *N.* eine so ganz andere Wendung genommen hat und der Kontakt zu ihm seither nur spärlich und schwer möglich war. Darunter hat *N. N.* stumm gelitten. Schwer zu tragen waren für sie auch die jahrelange Parkinsonerkrankung ihres Mannes und zuletzt die eigenen gesundheitlichen Probleme.

„Und wie beim Stricken lassen wir im Leben auch mal die eine oder andere Masche fallen." Damit spielt der Text in meiner Karte auf unser menschliches Versagen an, das es – wie bei jedem von uns – auch bei unserer Verstorbenen gegeben haben wird. Aber es ist im Leben wie beim Stricken: Wenn es nicht zu viele sind, machen einige fallengelassene Maschen die Strickarbeit noch nicht als ganze zunichte. Das lässt sich reparieren; sie bleibt dennoch brauchbar. So wird das auch mit unserem Leben sein. Gott sucht bei uns nicht pingelig nach einzelnen Fehlern und Sünden, er schaut unser Leben als Ganzes an und wird auch trotz einiger falsch gestrickter Maschen oder Knoten darin das schöne Bild erkennen, das wir für ihn und für unsere Mitmenschen mit unserem Leben schaffen wollten, jenes Bild, das er selbst als seine Ebenbilder in uns hineingelegt hat. Er will uns helfen, dass aus unserem Leben am Ende ein annehmbares Werk entsteht. Darum hat er uns ja seinen Sohn Jesus Christus als Erlöser gesandt, um unserer menschlichen Schwachheit aufzuhelfen, um die Löcher im Strickwerk unseres Lebens zu stopfen. Durch sein Leiden und seinen Tod, die er für uns getragen hat, und durch seine Auferstehung sind wir mit Gott versöhnt und vor ihm gerecht gemacht.

Der Glaube an Christus zieht sich wie ein dicker roter Faden durch das ganze Strickwerk des Lebens von *N. N.* Ihr Leben war durchdrungen von einer echten, tiefen Liebe zu Gott und zu Christus, die sich geäußert hat in einem reichen Gebetsleben und der treuen Teilnahme am Gottesdienst, Sonntag für Sonntag und auch werktags, wie auch in der Mitgliedschaft bei der *N.*er Rosenkranzbruderschaft. In all den Wechselfällen ihres Lebens hat sich unsere verstorbene Schwester im Glauben getragen und geführt gewusst von einem großen Gottvertrauen.

Aus dieser Liebe zu Christus heraus war Ihre Mutter, Ihre Schwester und Schwägerin auch bereit, sich für seine Kirche zu engagieren. Mehr als 30 Jahre lang hat sie sich gewissenhaft und mit liebevoller Hingabe um den Blumenschmuck, die Kirchenwäsche und die Sauberkeit in unserer Filialkirche gekümmert, das Leichenhaus geputzt und vertretungsweise auch den Mesnerdienst übernommen. Außerdem hat sie in all dieser Zeit ihren Mann in seiner ehrenamtlichen Tätigkeit als Mitglied in der Kirchenverwaltung, im Pfarrgemeinderat und als Mesner unterstützt. So hat sie zum Beispiel in der Zeit, als ihr Mann Kirchenpfleger war, die Buchhaltung für die Kirchenrechnung gemacht. *N. N.* war jahrzehntelang die gute Seele unserer *N.*er Kirche. Dafür sind wir ihr über ihren Tod hinaus zu großem Dank verpflichtet. Vom Mesnerverband der Diözese *N.* ist unserer Verstorbenen für ihre treue Sorge um das Haus Gottes deshalb vor ein paar Jahren das goldene Mesnerabzeichen verliehen worden.

Nach 83 Jahren ist dieser lange, vor Gott und vor uns Menschen reiche irdische Lebensfaden von *N. N.* nun gerissen. Doch der Faden ihrer Beziehung zu Gott reißt dadurch nicht. Dieses Band reißt auch im Tod nicht ab. Wenn es nur an uns liegen würde, ja, dann wäre dieses Band brüchig – unserer menschlichen Begrenztheit und Sünde wegen. Dann würde es unseren leiblichen Tod nicht überdauern. Aber Gott selbst hat in der Taufe dieses Lebensband mit *N. N.* geknüpft – er, der Ewige und Lebendige. Wir müssen dieses Band in unserem Leben nur dankbar ergreifen. Gott kündigt diesen Bund von sich aus niemals auf. Er nimmt nichts von dem zurück, was er uns einmal versprochen hat. Es ist ein ewiger Bund, den Gott mit *N. N.* geschlossen hat, wie er uns in der Lesung durch den Propheten Jeremia bestätigt. Er lässt dieses Band auch im Tod nicht abreißen.

Wer diesen Faden der Gottesbeziehung, wie unsere verstorbene Schwester im Glauben, ergriffen hat und davon geleitet durchs Leben geht, wer sich mit Christus als dem guten Hirten seines Lebens vertraut gemacht hat und auf seine Stimme hört, der wird daran entlang ins ewige Leben gelangen. So wie Jesus im Evangelium sagt: „Ich kenne die Meinen, und die Meinen kennen mich … Sie hören auf meine Stimme … und sie folgen mir. Ich gebe ihnen ewiges Leben" (Joh 10,14b.27–28a). An seiner Hand wird unsere Verstorbene ins ewige Haus des Vaters gelangen und dort ihren Platz finden.

Für uns als Zurückbleibende – für Sie als Familie und für uns alle, die wir *N. N.* gekannt und geschätzt haben – ist es ein schmerzhaftes und trauriges Abschiednehmen. Aber ist es nicht auch hier wie beim Stricken? Wenn eine Strickarbeit fertig ist und von den Nadeln abgekettelt wird – dann doch nicht, um weggeworfen und vernichtet zu werden. Sondern jetzt ist das Stück vollendet, es wird dem übergeben, für den es gestrickt worden ist, damit er es bei sich in den Schrank legt, bei sich aufbewahrt und sich daran erfreut. Ich meine, so dürfen wir das auch für unsere Verstorbene sehen: dass ihr zu Ende gewobenes Leben nun aufbewahrt ist im ewigen Haus Gottes, als ein wertvolles Stück in seiner himmlischen Kommode, damit er auf ewig seine Freude an ihr hat – und sie an ihm.

Leib und Seele

Mit 85 Jahren verstarb die ehemalige Wirtin der örtlichen Gastwirtschaft, wo sie auch im hohen Alter immer noch mitgeholfen hatte. Sie war mit Leib und Seele Wirtin. Als Herbergsmutter für zahlreiche Ortsvereine war sie bei vielen sehr beliebt. Für Bedürftige hatte sie eine großzügige, offen gebende Hand. Trotz der großen Beanspruchung im Betrieb einer Gastwirtschaft hat sie Gebet und Gottesdienstbesuch keineswegs hintangestellt, sondern eifrig gepflegt.

Lesung: Offb 19,1.5–9a
Evangelium: Mk 6,30–44

„Essen und trinken hält Leib und Seele zusammen", so sagt ein gern zitiertes Sprichwort. Wie oft hat Ihre verstorbene Mutter, Ihre Schwiegermutter und Oma dieses Wort wohl zu hören bekommen in den 85 Jahren ihres Lebens, die meisten davon in einer Gastwirtschaft? Am *[Datum]* wurde sie in *N.* geboren. Im dortigen Gasthof ihrer Eltern ist sie zusammen mit fünf Geschwistern aufgewachsen, hat also von klein auf den Betrieb in einem Gasthaus kennengelernt. Nach ihrer Schulzeit hat sie in *N.* die Hauswirtschaftsschule mit Erfolg absolviert. Durch den Reichsarbeitsdienst, wo sie als Kindergärtnerin eingesetzt war, kam sie zwischenzeitlich weg von Küche und Wirtshaus. Doch nach der Heirat mit ihrem Mann *N.* im Jahr 1953 übernahmen sie das Gasthaus ihrer Schwiegereltern hier in *N.* mit zugehöriger Metzgerei und Landwirtschaft. Darin hatte sie ihre Lebensaufgabe gefunden.

N. N. war eine Wirtin mit Leib und Seele. Sie hat leidenschaftlich gerne gekocht. Die 5000 aus dem Evangelium reichen bei weitem nicht, denen sie im Laufe ihres Lebens das Mahl bereitet hat: bei Hochzeiten, bei der Erstkommunion oder beim Leichenschmaus, am Stammtisch oder beim Mittagstisch sowie bei unzähligen Veranstaltungen der *N.*er Ortsvereine, denen sie eine großzügige Herbergswirtin war. Für die Belange der Vereine hatte sie immer ein offenes Ohr. Es ist ein schönes Zeichen, dass ihr heute so viele Vereinsabordnungen das letzte Geleit geben und zur Gestaltung ihrer Beerdigung beitragen.

Unsere Verstorbene hat die viele Arbeit, die der Betrieb einer Gastwirtschaft mit sich bringt, nicht gescheut. Sie hat viel und gern gearbeitet. Die Tiere im Stall versorgen und den Garten in Ordnung halten, das waren ihre Hobbys bis ins hohe Alter. Und auch lange nachdem sie das Gasthaus an ihre Tochter *N.* übergeben hatte, hat sie dort immer noch kräftig mitgearbeitet. Noch an Ostern hat sie – nun schon vom Krankenbett aus, nachdem ihre Gesundheit in den letzten Monaten zusehends schlechter geworden war – beim Soßenabschmecken geholfen. Denn das konnte sie besonders gut. Ja, was das Sprichwort sagt, das hat Ihre Mutter, Ihre Schwester und Oma immer wieder hautnah erlebt: „Essen und trinken hält Leib und Seele zusammen."

Von diesem Lebenshintergrund her hat *N. N.* wohl einen ganz besonderen Bezug gehabt zu dem, was wir so oft von Jesus im Evangelium hören. Immer wieder hat Jesus mit anderen Mahl gehalten. Er vergleicht das Reich Gottes mit einem Festmahl, das Gott uns ausrichtet. In den Mählern, die Jesus mit Zöllnern und Sündern hält, vermittelt er ihnen einen Vorgeschmack davon. Und zum Abschied von seinen Jüngern hält Jesus ebenfalls ein Mahl mit ihnen, in das er seine ganze Liebe hineinlegt, die er tags darauf am Kreuz in seinem Erlöserleiden für uns Menschen einlöst. Dieses Mahl zu feiern, hat er uns aufgetragen, bis er wiederkommt. Als gläubige Frau hat *N. N.* dieses Mahl der Eucharistie immer wieder mitgefeiert. Dort hat sie in der Kommunion das Unterpfand der Erlösung empfangen, das Angeld für den Himmel.

Liebe Trauergemeinde, Jesus sorgt bei denen, die ihm folgen, für Leib und Seele – so haben wir eben im Evangelium gehört. Er gibt ihnen zu essen. Keiner soll hungrig weggehen müssen. Das galt auch bei unserer Verstorbenen, und zwar nicht nur für die zahlenden Gäste; das haben auch zahllose Bettler bei ihr erfahren dürfen. Sie hatte immer eine gebende Hand für sie, wie sie auch sonst großzügig hergeschenkt hat. Aber Jesus belässt es nicht bei dieser Sorge für den Leib. Er stillt den Hunger des Leibes *und* der Seele. Zuvor bereits lehrt er die Menschen lange über das Reich Gottes. Es ist Menschensorge im umfassenden Sinn, was Jesus tut. Leib und Seele. Dieses „und" – Leib und Seele –, das entdecke ich auch im Leben unserer Verstorbenen. Damit ist sie Christus ähnlich geworden. Sie hat sich ein Leben lang um das leibliche Wohlergehen ihrer Gäste gekümmert. Aber eben nicht nur das. Sie hatte immer auch die Seele des

Menschen im Blick, und zwar bei sich selber, bei ihrer Familie und auch bei den Mitmenschen um sie herum.

Unsere Verstorbene war eine sehr gläubige Frau. Sie hat viel gebetet. Damit ist sie der Einladung Jesu an seine Jünger nachgekommen, die am Anfang unseres heutigen Evangeliums steht: „Kommt mit an einen einsamen Ort, wo wir allein sind" (Mk 6,31). Dieses Alleinsein mit Jesus im Gebet hat sie immer wieder gesucht. Bei jedem Verstorbenen ist sie außerdem mit auf den Sterberosenkranz gegangen; für zahlreiche Firmlinge hat sie die Patenschaft übernommen. Und sie hat diesen Glauben auch an ihre beiden Kinder *N.* und *N.* weitergegeben. Immer wenn Sie als Kinder aus dem Haus gegangen sind, hat sie Ihnen ein Kreuz auf die Stirn gemacht – auch ganz öffentlich. Und hat dazu einmal gemeint: Warum sollen das andere nicht sehen dürfen? Für seinen Glauben braucht man sich nicht zu schämen! Trotz der vielen Arbeit als Gastwirtin in der Sorge um das leibliche Wohl hat sie also dieses innerliche Leben nicht zu kurz kommen lassen.

Und das nicht nur bei sich selber, auch im Blick auf ihre Familie, auf ihre Mitmenschen. Sie hat ihren Kindern nicht nur äußerlich ein schönes Familienleben bereitet, sie hat Ihnen, ihren Kindern und Enkelkindern, ebenso den Zusammenhalt vermittelt, Ihnen bleibende Werte vorgelebt, die im Leben tragen. Sich in den anderen hineinversetzen, also vom anderen her denken und das eigene Handeln davon mitbestimmen lassen – so ist sie ihren Mitmenschen begegnet. Und das hat vielen sehr gut getan. Das ist so etwas wie ihr geistliches Erbe, das bleiben und in Ihnen, ihren Angehörigen, weiterleben wird.

Liebe Angehörige, liebe Schwestern und Brüder: Leib und Seele – mit einem dicken Strich unter dem „und". Beidem galt das Augenmerk im Leben von *N. N.* Als Heiland für Leib und Seele hat Gott seinen Sohn zu uns gesandt. So dürfen wir zuversichtlich glauben, dass Ihre verstorbene Mutter und Oma nun, bei ihrem Scheiden von Seele und Leib, von Christus hat hören dürfen, wie es in der Lesung vorhin geheißen hat: „Selig, wer zum Hochzeitsmahl des Lammes eingeladen ist" (Offb 19,9). Und dass Christus sie trotz aller menschlichen Schwachheit und Erlösungsbedürftigkeit, die es sicher auch in ihrem Leben gegeben hat – dass Christus sie nun am Tisch des himmlischen Hochzeitsmahles Platz nehmen lässt, um sie dort zu bedienen (vgl. Lk 12,37b), so wie sie das ihr Leben lang bei ihren Gästen getan hat; dass er ihr nun das ewige Hochzeitsmahl des Himmels ausrichten wird – zur Freude von Leib und Seele.

Die Zeitung seines Lebens

Kurz vor Weihnachten starb mit 87 Jahren der langjährige örtliche Zeitungsausträger, der diesen Dienst bis zu seinem 85. Geburtstag für die Zeitungsabonnenten des Ortes ausgeübt hatte. Seiner menschenscheuen Wesensart entsprechend hat er sehr zurückgezogen gelebt. Kirchgänger war er keiner, zur Kirche zu gehören war ihm aber dennoch wichtig.

Lesung: Apg 10,34–36.42–43
Evangelium: Mt 28,1–8

Diese vorweihnachtlichen Tage sind dominiert von Engeln. Sie sind zurzeit allgegenwärtig als Dekorationsmotiv, ob kunstvoll oder kitschig. Und auch in den Schriftlesungen dieser letzten Adventstage spielen Engel eine große Rolle. Natürlich der Engel Gabriel, der Maria die Botschaft bringt, dass sie die Mutter Gottes werden soll. Derselbe Engel Gabriel ist es auch, der zuvor schon dem Zacharias und der Elisabeth einen späten Sohn verheißt: Johannes den Täufer. Auch dem Josef erscheint mehrfach ein Engel im Traum und weist ihm seine Rolle und Aufgabe im Geschehen der Menschwerdung Gottes zu. Auch im Evangelium eben kam ein Engel vor.

Die Engel, sie sind Boten Gottes; sie richten Menschen Nachrichten aus, göttliche Botschaften. In gewisser Weise hat *N. N.* also auch einen engelhaften Dienst getan. Nicht, dass er ein engelgleiches, frommes Leben geführt hätte. Von den Engeln heißt es ja, dass sie allzeit am Throne Gottes stehen und dort Gott anbeten. Beim Gebet im irdischen Thronsaal Gottes, in der Kirche also, beim Gottesdienst, da war unser Verstorbener nicht anzutreffen.

Aber in anderer Weise hat Ihr Ehemann, Ihr Vater und Opa einen Dienst getan, der dem der Engel sehr ähnelt. Als Zeitungsausträger von *N.* hat er 60 Jahre lang die neuesten Nachrichten in die Häuser gebracht. Nachts, wenn alles noch schläft, hat er sich auf den Weg von Haus zu Haus gemacht, bei Wind und Wetter, um uns die Zeitung mit den Neuigkeiten des Tages zu bringen, auf die viele schon gewartet haben.

Trotz eines Herzfehlers, den er von Geburt an hatte, hat er diese sicherlich nicht leichte Aufgabe bewältigt. Es musste halt in seinem eigenen Tempo gehen. Mit großer Treue hat *N. N.* diesen wertvollen Dienst für uns getan; bis zu seinem 85. Geburtstag, bis es gesundheitlich wirklich nicht mehr zu machen war. Auf diesen zuverlässigen, treuen Dienst für andere wird Gott sicher anerkennend blicken.

Das Leben unseres Verstorbenen, das so eng mit der Tageszeitung verbunden war, das ließe sich selbst in Form einer Zeitung darstellen. Wenn wir die Zeitung seines Lebens aufschlagen, dann wäre da unter dem Datum vom *[Datum]* bei den standesamtlichen Nachrichten seine Geburtsanzeige zu lesen: *N. N.*, geboren am Ortsrand von *N.* in einem kleinen, einfachen Häuschen, das damals zum *N.*-Hof gehört hat.

Im Stellenmarkt wäre sein Berufsleben verzeichnet: seine Lehre im Friseurhandwerk beim *N.*er Friseur *N.* Nach dem Krieg hat sich *N. N.* dann als Friseur selbstständig gemacht und von da an seinen Kunden daheim in seinem Haus, das er 1954 in der *N.*er Straße gebaut hat, die Haare geschnitten. Und eben nebenher, bevor er seinen Friseurladen geöffnet hat, die Zeitung ausgetragen – 60 Jahre lang.

Unter den „Herzlichen Anzeigen" in der Zeitung würden wir vom Familienleben unseres Verstorbenen lesen. Seine Hochzeit im Jahr 1957 mit seiner Ehefrau *N.*, die er all die Jahre gut unterstützt hat. Die Geburt seiner Tochter *N.* – eine erste Tochter ist leider schon bei der Geburt verstorben –, die drei Enkel und drei Urenkel, die alle zusammen dankbar waren, dass sie ihren Mann, ihren Vater, ihren Opa und Uropa gehabt haben. Ein schönes Resümee, wenn man das am Ende eines Lebens über einen Menschen sagen kann.

Auch auf der Sonderseite „Tierwelt und Natur" würden wir von Ihrem Ehemann und Vater in der Zeitung seines Lebens lesen: von seiner großen Liebe zu Pferden, von den zwei Ponys, die er jahrzehntelang hatte – er war ein richtiger Pferdenarr –, und dazu den Katzen. Wir würden aus der Zeitung erfahren von seiner Liebe zur Natur, zum Wald vor allem; von seinen weiten Spaziergängen dort.

Das Leben von *N. N.* in Form einer fiktiven Zeitung seines Lebens. Am Mittwoch stand er tatsächlich in der Zeitung – bei den Todesanzeigen. Am *[Datum]* ist er mit 87 Jahren im Krankenhaus in *N.* gestorben, nachdem er im letzten Dreivierteljahr immer schwächer geworden war und nur noch sehr eingeschränkt am Leben teilgenommen hat – seit August pflegebedürftig und öfters im Krankenhaus.

Doch, liebe Schwestern und Brüder, nicht nur bei den Todesanzeigen sehen wir unseren verstorbenen Bruder verzeichnet. Als Getauften wissen wir ihn auch eingeschrieben in das Buch des Lebens, wo die verzeichnet sind, die gerettet werden sollen zum ewigen Leben.

Warum er, der den Leuten Tag für Tag die neuesten Nachrichten ins Haus gebracht hat, die *eine* gute Nachricht, die Frohe Botschaft Jesu nämlich, warum er die selbst nicht hören wollte – sonntags, beim Gottesdienst –, das weiß ich nicht; oder wie er sonst in Kontakt mit Gott gestanden hat. „Ich hab nichts gegen die Kirche, aber in die Kirch' geh ich nicht", so hat er es mir gegenüber einmal gesagt. Und da war er konsequent. *N. N.* war kein Gegner der Kirche. Er hat Sie, liebe Frau *N.*, in Ihrem Glauben und beim Kirchgang unterstützt, hat Ihnen darin alle Freiheit gelassen und Sie zur Kirche gefahren. Aber selbst hineingehen wollte er nicht. Warum das so war, darüber mochte er nicht sprechen. Dennoch ist *N. N.* sein Leben lang Kirchenmitglied geblieben. Zur Kirche zu gehören, das war ihm anscheinend doch wichtig. Und das wollen wir nicht gering achten. Darum beerdigen wir ihn auch kirchlich, was er selbst so gewollt hat.

Vielleicht, liebe Schwestern und Brüder, dürfen wir trotz dieses weißen Flecks auf der Landkarte seines gläubigen Lebens ein Stück Zuversicht für unseren verstorbenen Bruder im Glauben heraushören aus der Predigt des Apostels Petrus in der Lesung, wenn dieser dort verkündet, „dass Gott nicht auf die Person sieht, sondern dass ihm … willkommen ist, wer ihn fürchtet und tut, was recht ist" (Apg 10,34–35). Eine letzte Achtung vor Gott, dem Schöpfer allen Lebens, und ein rechtschaffenes Leben, das dürfen wir Ihrem verstorbenen Ehemann, Ihrem Vater und Opa wohl attestieren: in einem treuen Ehe- und Familienleben und mit seinem zuverlässigen Dienst als Zeitungausträger, in dem er es ein Stück weit dem Botendienst der Engel gleichgetan hat.

Die Engel in der Heiligen Schrift richten die Botschaft Gottes aus. Es ist die Botschaft von einem Leben, wo eigentlich kein Leben zu erwarten wäre. Zacharias und seine bis dahin kinderlose, alt gewordene Frau Elisabeth, sie werden durch den Engel Gabriel von Gott überrascht mit neuem Leben, wo schon lange nicht mehr mit Nachwuchs zu rechnen war. Maria empfängt den Sohn Gottes in ihrem Schoß auf eine Weise, auf die in dieser Welt kein Leben zu erwarten ist: ein Kind ohne Zutun eines Mannes. „Wie soll das geschehen?" (Lk 1,34), fragt sie deshalb den Engel Gabriel. Und der Engel am Grab Jesu, von dem wir im Evangelium gehört haben, auch er verkündet Leben, wo eigentlich kein Leben mehr zu erwarten ist: neues Leben aus dem Tod, das neue Leben der Auferstehung. Das ist die gute Nachricht, die uns die Heilige Schrift und insbesondere die Engel übermitteln: Gott kann Leben schaffen, auch dort, wo nach menschlichem Ermessen kein Leben mehr zu erwarten ist, selbst aus Tod und Grab. In der Auferstehung seines Sohnes hat Gott diese Botschaft bestätigt.

Diese gute Nachricht, diese frohe Botschaft unseres Glaubens dürfen wir heute für unseren verstorbenen Bruder *N. N.* hören und für ihn hoffen, dass Gott ihn überraschen wird mit diesem neuen, ewigen Leben.

Gottes Melodie zum Klingen gebracht

Die 96-jährige Verstorbene entstammte einer Geigenbauerfamilie. Bei ihrem Requiem wurde eine Geige gespielt, die ihr Mann selbst gebaut hatte, der im Zweiten Weltkrieg vermisst geblieben ist. Seither war sie Witwe. Mit viel Arbeit in unterschiedlichen Berufen hat die Verstorbene allein den Lebensunterhalt für sich und ihre Kinder erwirtschaftet. In einem religiös geprägten Leben hat sie Gottes Melodie zum Klingen gebracht.

Lesung: Offb 4,1–4.10–11; 5,9–10.12
Evangelium: Joh 17,24–26

Mit Musik und Gesang, die die Erlösten in der ewigen Herrlichkeit Gottes zu seiner Ehre vor Gottes Thron darbringen, so schildert der Seher Johannes die neue Welt Gottes am Ende der Zeit. In der Lesung haben wir eben einen Ausschnitt aus dieser Himmelsvision gehört. Musik und die Arbeit dafür im Instrumentenbau hat die ersten Jahrzehnte im Leben Ihrer verstorbenen Mutter geprägt.

Ihr Vater war Bassgeigenbauer in *N.* im Sudetenland, wo unsere Verstorbene zur Welt gekommen ist. In seiner Werkstatt und im zugehörigen kleinen Bauernhof ihrer Eltern ist sie großgeworden und hat nach ihrer Schulzeit dort mitgearbeitet, bis sie 1930 selbst einen Geigenbauer geheiratet hat: *N. N.* aus *N.* Durch die Arbeit ihres Vaters und ihres Ehemanns ist sie also immer wieder mit Geigen in Berührung gekommen. Sie selbst hat nach ihrer Heirat in *N.* ein kleines Lebensmittelgeschäft betrieben. Heute, beim Requiem von *N. N.*, wird eine Geige gespielt, die ihr Mann selbst gebaut hat und die ihr als Erinnerung an ihn geblieben ist, der im Zweiten Weltkrieg 1944 vermisst geblieben und später für tot erklärt worden ist. Sein Name ist innen im Klangkörper der Geige verzeichnet.

Eine Geige ist ein herrliches Instrument; mit ihrem Klang ist sie sehr nahe dran an unserer menschlichen Stimme. Und auch sonst lassen sich mit ihrem Klangkörper und den darüber gespannten Saiten manche Parallelen zu unserem menschlichen Leben entdecken. Wofür lassen wir uns im Leben einspannen? Welche Melodie bringen wir mit unserem Leben zum Klingen? Fügen sich die verschiedenen Themen unseres Lebens zu einer Harmonie, so wie die Saiten auf einer gut gestimmten Geige?

Wofür sich unsere Verstorbene in ihrem langen Leben von 96 Jahren hat einspannen lassen, das war allem voran die Sorge für ihre Familie. Mit drei kleinen Kindern zwischen drei und zehn Jahren, der Mann im Krieg geblieben, hat sie die Vertreibung aus ihrer Heimat mitmachen müssen, bis sie in *N.* schließlich eine neue Bleibe gefunden hat. Mit viel harter Arbeit hat sie allein den Lebensunterhalt für sich und ihre Kinder verdient: zunächst auf dem Bauernhof, auf dem sie einquartiert worden waren; später als Kosmetikberaterin, als Verkäuferin in einer Bäckerei oder als Putzfrau bei Baufirmen. *N. N.* hat keine Arbeit gescheut; ihr ganzes Leben war von Arbeit bestimmt. Selbst im hohen Alter und noch im Seniorenheim – zunächst in *N.* und seit November 2006 in *N.* – hat sie immer noch gemeint, sie müsse doch etwas tun, etwas schaffen. Zu arbeiten, das hatte sie von Kindesbeinen an verinnerlicht.

Mit dieser fleißigen, arbeitsamen Art ist es Ihrer Mutter und Schwiegermutter gelungen, sich eine neue Existenz aufzubauen und Ihnen, ihren drei Kindern, eine höhere Ausbildung zu ermöglichen. Ihrer jüngsten Tochter *N.* musste sie leider vor eineinhalb Jahren als Mutter selbst ins Grab schauen. Sogar ihren lang gehegten Wunsch nach einem kleinen Einfamilienhaus konnte sie sich 1955 in *N.* erfüllen. In ihrem Garten dort, so haben Sie mir erzählt, hat sie gerne gewerkelt, wo sie doch Blumen so sehr geliebt hat.

Das sind die großen Themen, die unsere Verstorbene in ihrem Leben zum Klingen gebracht hat. Sie hat dabei zugleich Gottes Melodie in sich aufgenommen. Denn mit dem großen Einsatz für ihre Familie, für Sie, ihre Kinder, mit ihrer Hingabe für andere also, hat *N. N.* etwas verwirklicht von jener Hingabe Jesu, der am Kreuz sein Leben gegeben hat, damit wir das Leben haben. Bei der Kommunion, die Ihre Mutter regelmäßig empfangen hat, da erhalten wir die Frucht seiner Hingabe als Angeld für das ewige Leben, verbunden mit dem Auftrag, in der Nachfolge Jesu selber zu einer Gabe für andere zu werden. Das hat Ihre Mutter mit Leben erfüllt.

Der Kirchgang am Sonntag, der im Leben Ihrer Mutter fest dazugehört hat, war für sie also nicht bloß etwas Äußerliches. Als sie nicht mehr aus dem Haus konnte, hat sie wenigstens über das Fernsehen den Gottesdienst mitverfolgt. Und auch in der Hauskapelle im Seniorenheim in *N.* – so habe ich sie kennengelernt – hat sie freitags die Messe mitgefeiert, sooft es ging. Diese lebendige Beziehung zu Christus, die darin ihren Ausdruck findet, die hat ihr Halt verliehen und ihrem Leben Richtung und Ziel gegeben.

Göttliches und Menschliches, Himmlisches und Irdisches klingen also im Leben unserer Verstorbenen zusammen – wie die Saiten auf einer gut gestimmten Geige – und fügen sich zu einem harmonischen Ganzen. Genau dazu hat Gott uns Menschen ja berufen: dass wir mit unserem Tun zusammenwirken mit Gottes Plan für diese Welt, dass wir durch unser Leben mitbauen am Reich Gottes; bis sein Reich einmal voll verwirklicht sein wird in der Herrlichkeit der neuen Schöpfung, in die uns der Seher Johannes schon einen kurzen Blick werfen lässt, wo die Erlösten um Gottes Thron versammelt sind.

In der großen Schar der Erlösten um den Thron Gottes, in dieser großen Harmonie in der Ewigkeit, so dürfen wir glauben, ist Ihre verstorbene Mutter nach ihrem langen irdischen Lebensweg nun angekommen; im Vertrauen auf das Wort Jesu, das wir vorhin im Evangelium gehört haben: „Vater, ich will, dass alle, die du mir gegeben hast, dort bei mir sind, wo ich bin. Sie sollen meine Herrlichkeit sehen" (Joh 17,24a).

Ansprachen bei besonders tragischen Sterbefällen

Schreckliche Dinge werden geschehen

Der 20-jährige Auszubildende in einem landwirtschaftlichen Betrieb hat sich Ende November beim Güllefahren auf einem abschüssigen Feld mit dem Traktor überschlagen und kam dabei zu Tode. Nicht nur seine Eltern und Freunde, auch die Landwirtsfamilie seines Ausbildungsbetriebs ist tief erschüttert. Der Verstorbene war ein einfacher, lieber Kerl mit einem anständigen Charakter. Intellektuell Anspruchsvolles war nicht sein Metier, aber er besaß eine gute Herzensbildung.

Lesung: 1 Sam 16,1b.6–13a
Evangelium: Lk 21,5–11

Das Evangelium, das wir eben gehört haben, das war das Tagesevangelium vom vergangenen Dienstag, als Ihr Sohn, Ihr Bruder und Freund bei der Arbeit tödlich verunglückt ist. Die Gedanken darin, gegen Ende des Kirchenjahres, kreisen um das Ende der Welt und um mögliche Vorzeichen für das Ende. „Schreckliche Dinge werden geschehen" (Lk 21,11), so heißt es dort. Doch da müssen wir nicht bis zum Ende der Welt warten. Schreckliche Dinge geschehen leider immer wieder, tagtäglich auf dieser Welt.

Am Dienstagmittag hat Sie so ein schreckliches Unglück getroffen. Ihr Sohn, Ihr Lehrling *N.* war beim Gülleausfahren, als der Traktor im steilen, feuchten Gelände ins Rutschen kam und nicht mehr zu beherrschen war. Unter dem rutschenden und umkippenden Traktor mit dem angehängten Güllefass ist er zu Tode gekommen. Ob er noch abspringen wollte oder aus der Fahrerkabine herausgeschleudert wurde – wir wissen es letztlich nicht. Er war wohl auf der Stelle tot.

Für solch ein tragisches Geschehen gibt es kein Wieso und kein Warum, sosehr wir auch danach fragen mögen. Solche Unglücke geschehen leider immer wieder einmal. Sie zeigen, dass diese Welt noch nicht vollendet ist, dass die Schöpfung noch auf die endgültige Erlösung wartet. Wenn Gott die Welt eines Tages ihrer Vollendung entgegengeführt haben wird, wenn von ihm her die neue Schöpfung heraufsteigt, ein neuer Himmel und eine neue Erde, in denen göttlicher Friede und Gerechtigkeit herrschen, dann wird es solch grausame Schicksale nicht mehr geben. Die Welt ist zwar durch Christus schon erlöst, aber bis zu dieser endgültigen Vollendung leben wir noch unter diesem „Schon und noch nicht", wo wir immer wieder auch Leid und Schmerz begegnen.

Schreckliche Dinge werden bis zu dieser Vollendung der Welt geschehen, sagt Jesus seinen Jüngern. Aber er fügt etwas hinzu, das uns heute im Blick auf Ihren Sohn Hoffnung schenken kann, der auf so tragische Weise zu Tode gekommen ist. Nämlich: All das ist noch nicht das Ende, sagt Jesus. Auch wenn das junge Leben von *N. N.* in dieser Welt unwiderruflich zu Ende ist – 20 Jahre nur hat er werden dürfen –, so ist sein Leben dennoch nicht einfach vorbei. Von Christus her ist uns Leben über unseren irdischen Tod hinaus verheißen: ein neues, ganz anderes Leben bei Gott. Dass Christus ihn dorthin führen wird, auf dessen Tod und Auferstehung er getauft worden ist, darauf dürfen wir gläubig vertrauen.

Das kurze Leben von *N.* hat sich abgespielt zwischen Polen, dem Herkunftsland seiner Familie, wohin es immer noch viel und guten Kontakt gab, auch wenn er selbst hier in Deutschland zur Welt gekommen ist; zwischen *N.* und *N.*, wo er gewohnt hat und zur Schule gegangen ist, und Irland, dem zwischenzeitlichen Wohnsitz, wo er auch den Schulabschluss gemacht hat. Er hat für seine jungen Jahre schon ein recht selbstständiges Leben geführt, wenn er zum Beispiel, als er selbst noch nicht einmal volljährig war, seinen Opa alleine in Polen abgeholt und nach Irland gebracht hat. Doch die Sehnsucht nach dem Zuhause hier im Bayerischen Wald und nach seinen Freunden, die er hier hatte – vor allem nach seinem besten Freund *N.* –, hat *N.* 2008 von Irland wieder zurück nach *N.* geführt.

In diesem Jahr hat er die Landwirtschaftsschule begonnen. Im ersten Lehrjahr war er dazu auf dem Hof von Familie *N.* in *N.*, seiner unmittelbaren Nachbarschaft, die ihn schon von klein auf kannte und wo er wie ein Sohn aufgenommen worden war. Dort hat unser Verstorbener viel Zuneigung erfahren, wie auch von seinem Vermieter *N. N.* in *N.* Nach dem zweiten Lehrjahr, das er in *N.* auf dem Hof von Familie *N.* verbracht hatte, kam *N.* im September nun auf das Anwesen von Familie *N.* in *N.* in der Gemeinde *N.* Dort war *N.* rundum glücklich. Alles hat dort für ihn gepasst. So hat er es selbst oft erwähnt. Die Arbeit mit den Tieren hat ihm sehr gelegen. Dazu das gute Verhältnis zu der Familie seines Lehrherrn. Er ist in diesen Monaten richtig aufgeblüht und hat dadurch viel Lebensfreude getankt und ausgestrahlt.

Es ist auch für Sie, liebe Familie *N.*, nicht leicht zu verarbeiten, dass er ausgerechnet bei der Arbeit auf Ihrem Hof zu Tode gekommen ist. Da macht man sich wahrscheinlich selber Vorwürfe: „Hätten wir ihn doch nicht … Hätte ich das doch selber gemacht!", auch wenn es da nichts wirklich vorzuwerfen gibt. Denn man muss die jungen Leute eben auch etwas tun lassen. Und dass er mit dem Traktor fahren durfte, gerade das hat ihm doch ganz besondere Freude gemacht, so wie er auch sehr gerne Auto gefahren ist. Unsere Anteilnahme gilt deshalb neben seiner Familie genauso Ihnen.

Liebe Schwestern und Brüder, *N. N.* war ein einfacher, lieber Kerl, höflich und hilfsbereit; mit einem ruhigen Wesen; äußere Hektik mochte er nicht. So ist er mir von verschiedenen Seiten geschildert worden. Mit dem Lernen in der Schule hat sich *N.* nicht ganz leichtgetan. Das theoretische Wissen mit dem Kopf war nicht sein größtes Talent. Seine Talente lagen anderswo: in seiner guten Herzensbildung, in seiner großen Liebe zur Natur zum Beispiel, vor allem zu den Tieren, in seinem guten Einfühlungsvermögen für andere, weshalb er auch einen sehr guten Bezug zu älteren Leuten hatte.

Wenn Gott unser Leben prüft, so sagt eine gläubige Weisheit, dann legt er uns das Maßband nicht um den Kopf, sondern um das Herz. „Der Herr wird nicht fragen: Was hast du gewusst? Was hast du Gescheites gelernt? Seine Frage wird lauten: Was hast du bedacht? Wem hast du genützt um meinetwillen?", so fasst es ein Gedicht von Alois Albrecht in Worte, das auch zu einem geistlichen Lied vertont worden ist. So ähnlich hat es ja auch in der Lesung geheißen: „Der Mensch sieht, was vor den Augen ist, der Herr aber sieht das Herz" (1 Sam 16,7c).

Wenn Gott ihm ins Herz schaut, dann wird er bei Ihrem verstorbenen Sohn und Bruder ein gutes, lauteres Herz sehen, ein Herz mit einer großen Einfühlungsgabe, eine zartfühlende Seele mit einer empfindsamen Aufmerksamkeit für alles Lebendige. Wenn er zum Beispiel ein Tier bei der Arbeit versehentlich hart angefasst hat, dann hat es ihm gleich leidgetan. Oder wenn er auf der Straße ein Tierchen hat sitzen sehen, so haben Sie mir erzählt, dann ist er stehen geblieben und hat es behutsam in die Wiese daneben gesetzt. Mit diesem Beschützerblick hat *N.* auf jede Kreatur geschaut.

Mit dem gleichen rettenden Blick wird Christus auf sein Leben achten, das so plötzlich und auf tragische Weise zerbrochen ist, und sich seiner annehmen. So wie Christus im Gebet zu seinem himmlischen Vater einmal sagt: „Ich will, dass alle, die du mir gegeben hast, dort bei mir sind, wo ich bin" (Joh 17,24a). Und an anderer Stelle: „Es ist der Wille dessen, der mich gesandt hat, dass ich keinen von denen, die er mir gegeben hat, zugrunde gehen lasse, sondern dass ich sie auferwecke am Letzten Tag" (Joh 6,39).

So dürfen wir zuversichtlich darauf vertrauen, dass Gott ihn in jenem tragischen Moment am Dienstagmittag genauso behutsam in seine Hände genommen und ihn aus dieser Welt mit ihren Gefahren hinübergehoben hat auf die rettende Wiese nebenan: in das neue Leben bei Gott, wo wir befreit sind von allen Schrecken und allem Leid, die in dieser Welt noch lauern.

Wenn nichts mehr trägt

Am Unsinnigen Donnerstag, auf den Tag genau fünf Jahre nachdem sich ihr Vater das Leben genommen hatte, zog eine 22-jährige Röntgenassistentin mit ihren Freundinnen zum Weiberfaschingfeiern lebenslustig und gut drauf durch die Kneipen der nahegelegenen Stadt. Zu später Stunde verabschiedete sie sich kurz von ihren Freundinnen, kehrte danach wie ausgewechselt zurück und verschwand für einige Zeit spurlos. Später fand man sie tot auf den Bahngleisen, wo sie sich vor den Zug geworfen hatte. Alle rätseln über ihre Beweggründe.

Lesung: Röm 8,31b–35.37–39
Evangelium: Joh 19,17–18.25–30

Jeder Mensch hat etwas, wofür er lebt, was man erreichen möchte, was ihn antreibt, wofür es lohnt, sich einzusetzen. Ob das die Schule oder die Ausbildung ist, die man abschließen möchte; dass man im Beruf etwas erreichen will; ein Projekt, in dem man sich selbst ein Stück weit verwirklichen kann; eine liebevolle Beziehung, in der man sich wohlfühlt und in die man bereit ist zu investieren; oder das Dasein für die eigenen Kinder; ein Hobby, das Interesse an einer bestimmten Sache, eine Herausforderung, die reizt. Alles das sind Dinge, die ein Leben tragen, für die es sich lohnt zu leben, die unserem Leben Sinn verleihen.

Was aber ist, wenn das alles mit einem Mal nicht mehr trägt? Wenn einem das Leben sinnlos und ohne Perspektive erscheint? So muss es wohl in der Nacht von Donnerstag auf Freitag Ihrer *N.* ergangen sein. Was das gewesen ist, das ihrem Leben so unvermittelt und ohne jegliche erkennbare Anzeichen dafür den Boden unter den Füßen weggezogen hat, dass sie nichts mehr von dieser Verzweiflungstat zurückhalten konnte und sie den Weg auf die Bahngleise gewählt hat, das wissen wir nicht.

N. N. war doch eine lebenslustige, fröhliche junge Frau. 22 ist sie vor kurzem erst geworden. Seit November hatte sie in *N.* eine eigene

Wohnung bezogen – ein weiterer Schritt beim Aufbruch in ein eigenständiges Leben.

N. hat gerne gelacht und war gut drauf in den Tagen vor ihrem plötzlichen Tod. Den tragischen Tod ihres Vaters vor fünf Jahren hatte sie mittlerweile gut verarbeitet – so schien es zumindest –, auch wenn da innerlich bei ihr schon etwas zu Bruch gegangen war. Am Unsinnigen Donnerstag ist sie mit ihren Freundinnen *N.* und *N.* zum Weiberfaschingfeiern durch *N.* gezogen.

Übers Wochenende dann wollte sie zur Familie ihrer Schwester *N.* nach *N.* zum Skifahren. Das war schon alles ausgemacht. Dort hätte *N.* ihren Neffen *N.* wieder getroffen, dessen stolze Patentante sie war. Zu ihm hatte sie ein ganz inniges Verhältnis; liebevoll und vertraut wusste sie mit ihm umzugehen – und er mit ihr.

Auch beruflich war anscheinend alles in Ordnung. Nach einigen Jahren als Zahnarzthelferin in der Praxis von Professor *N.* in *N.*, wo sie nach ihrem Realschulabschluss den Beruf gelernt hatte, war *N.* seit Mai in der Radiologie im Krankenhaus in *N.* beschäftigt. Dafür hat sie eigens einige Fortbildungen und Röntgenscheine machen müssen. Aber sie wollte das selbst und hat sich in ihrer neuen Arbeit wohlgefühlt.

Irgendetwas muss ihr in dieser Nacht, in dieser halben Stunde, wo sie die gemeinsame Feier verlassen hatte, so zugesetzt haben, sie innerlich derart überfallen haben, dass sie für sich keine Zukunft mehr gesehen hat. Was sie in dieser kurzen Zeit erlebt oder erfahren hat – wir wissen es nicht. Danach war sie wie ausgewechselt; so sehr, dass sie nicht mehr weiterleben wollte. So müssen wir heute mit blutenden Herzen von *N.* Abschied nehmen und sie zu Grabe tragen.

Liebe Frau *N.*, als ich mit der Polizei bei Ihnen war und Ihnen die schreckliche Todesnachricht überbringen musste, da haben Sie irgendwann unter Tränen gesagt: „Ich geb doch nicht mein Liebstes her!“ – Nein, das tun wir auch nicht. Hergeben tun wir nur das, was wir an *N.* anschauen und anfassen konnten. Nur ihre sterbliche Hülle legen wir heute ins Grab. Das, was sie Ihnen, liebe Angehörige, bedeutet hat, was wir an *N.* geliebt haben, was wir mit ihr und ihrem Leben verbinden – als Tochter, Schwester, Schwägerin, Enkelin, Nichte, Cousine, Freundin und Arbeitskollegin –, das bewahren wir im Herzen. Das geben wir nicht her, das wissen wir für immer aufgehoben bei Gott.

Er, Gott, hat sein Liebstes für uns hergegeben, damit wir nicht verloren gehen – auch im Tod nicht. So haben wir vorhin in der Lesung gehört: „Gott hat seinen eigenen Sohn nicht verschont, sondern ihn für uns alle hingegeben“ (Röm 8,32a). Vielleicht können Sie, Frau *N.*, am deutlichsten nachempfinden, was das für Gott bedeutet haben muss und auch für seine Mutter Maria, die mit unter dem Kreuz ihres Sohnes gestanden hat. Ich denke, die Gottesmutter Maria steht in diesen schlimmen Tagen mitfühlend an Ihrer Seite.

Liebe Trauergemeinde, damit wir nicht verloren gehen, auch dann, wenn uns nichts mehr trägt und im Leben hält, darum hat Gott seinen Sohn für uns hingegeben. So groß ist seine Liebe zu uns. Und darum, sagt der Apostel Paulus, kann uns nichts, aber auch gar nichts scheiden von der Liebe Gottes. Auch eine solche Verzweiflungstat wie bei *N.* nicht. In seinem Sohn Jesus hat Gott uns sein Liebstes geschenkt. „Wie sollte er uns mit ihm nicht alles schenken?“ (Röm 8,32b), fragt der Apostel. Und er meint damit das ewige Leben. Er, Christus, der für uns gestorben und auferweckt worden ist, tritt bei Gott für uns ein: für Ihre *N.* und auch für Sie, ihre Angehörigen.

Liebe Familie *N.*, Schwestern und Brüder, wenn uns im Leben nichts mehr trägt, so wie es *N.* in dieser Nacht empfunden haben muss; wenn uns so ein Unglücksfall den Boden zum Leben unter den Füßen wegzieht und Sie nicht wissen, wie Sie mit diesem unsäglichen Schmerz weiterleben sollen – noch dazu ist es für Sie nun schon das wiederholte Mal, dass Sie einen Menschen aus Ihrer Familie auf so tragische Weise verlieren –, wenn uns scheinbar nichts mehr trägt, dann trägt uns immer noch Christus.

Ich möchte Ihnen dazu ein Bild zeigen, das uns diesen Glauben und diese Hoffnung bildhaft ins Herz senken möchte. Es ist eine Zeichnung des tschechischen Grafikers Pivonka.

Sie trägt den Titel: „Er lud auf sich unsere Schmerzen“. Ein Mann in Arbeitskleidung trägt darauf ein Kreuz zur Stadt hinaus, einen Hügel hinauf. In dem Arbeiter ist unschwer Jesus Christus zu erkennen, der sich im Auftrag Gottes für uns und unser Heil abmüht. Im Evangelium haben wir vorhin einen Ausschnitt aus der Leidensgeschichte Jesu gehört, was er zu unserem Heil gelitten und für uns getragen hat, wie er sein Kreuz nach Golgota getragen hat und daran für uns Menschen gestorben ist.

Auf unserer Zeichnung sitzen auf dem Kreuzbalken, den Jesus trägt, mehrere Menschen. Es ist unser Kreuz, das Christus trägt: unser Leid, unsere Schuld, unser Versagen, unser Schmerz. „Er hat unsere

Krankheit getragen und unsere Schmerzen auf sich geladen" (Jes 53,4), so heißt es dazu in prophetischer Vorausschau im Buch Jesaja. „Zu unserem Heil lag die Strafe auf ihm, durch seine Wunden sind wir geheilt" (Jes 53,5b).

Wenn wir die Menschen auf dem Kreuzbalken näher anschauen, da sitzen ein Zeitungsleser – entspannt in seine Lektüre vertieft –, ein Liebespaar – eng umschlungen – und ein Geistlicher in seiner Tracht. Nach außen scheint bei ihnen alles in Ordnung zu sein; es ist ihnen nichts anzumerken, dass da etwas nicht stimmen könnte, so wie auch bei *N.* nicht. Aber unsichtbar sind sie wohl doch alle Verwundete – so wie wir heute –, tragen sie ein Kreuz mit sich herum: eine Schuld vielleicht, mit der sie nicht fertigwerden, einen inneren Schmerz, eine hoffnungslose Leere. Sie sitzen nicht umsonst und zufällig auf dem Kreuz. Sie plagen sich selber mit einem Kreuz herum. Christus, so bringt der Zeichner zum Ausdruck, Christus trägt sie mit alldem. Er trägt sie auf seinem Kreuz, er nimmt ihr Kreuz auf sich. Er trägt sie den Hügel und damit zu Gott hinauf. Oben auf dem Berg sind zwei Kreuze zu sehen. Sie sind bereits leer – ein erster, zaghafter Ausblick auf die Auferstehung, so möchte ich es deuten: darauf, dass in Christus im Letzten alles Kreuz und Leid schon durchbrochen ist auf neues Leben hin, auch wenn Ihnen der Blick darauf heute noch verhangen sein mag.

Liebe Familie *N.*, liebe trauernde Angehörige, auf diesem Kreuzbalken auf der Schulter Jesu, da sitzt heute auch Ihre *N.* mit drauf. Er trägt sie mit dem, was ihr den Lebensmut geraubt hat, dem ewigen Leben entgegen. Und da sitzen auch Sie als Hinterbliebene mit Ihren verwundeten Seelen mit drauf. Christus will auch Sie durch diese schlimmen, kreuzbeladenen Tage tragen, in denen Sie sich vielleicht selber mehr tot als lebendig fühlen. Er will Sie dort hindurchtragen – neuem, wiedergewonnenem Leben entgegen.

Vigilans pro suis – Wachend über die Seinen

Der Erste Bürgermeister einer kleinen Bayerwaldgemeinde, erst seit kurzem zum zweiten Mal verheiratet und Vater einer dreijährigen Tochter, Inhaber einer Metallbaufirma, erlag 54-jährig einer Krebserkrankung. Eine Tochter aus erster Ehe litt zu dieser Zeit ebenfalls an Krebs. Als rühriger und leutseliger Kommunalpolitiker war er wie ein guter Hausvater für die örtliche Bevölkerung, bei der er allseits beliebt und geachtet war. Die ganze Gemeinde ist erschüttert über seinen Tod. Zwischen Bürgermeister und Pfarrer hatte sich eine persönliche Freundschaft entwickelt.

Lesung: 1 Petr 1,3–9
Evangelium: Joh 6,37–40

Über dem Eingang zur Abtswohnung in der alten Prälatur im Kloster Windberg steht als Inschrift geschrieben: Vigilans pro suis – Wachend über die Seinen. Mit diesen wenigen Worten ist treffend umschrieben, was ein Abt sein soll: ein guter Hausvater, der aufmerksam darauf schaut, was die Mitbrüder brauchen, die seiner Leitung und Fürsorge anvertraut sind. Aber nicht nur für einen Abt gilt das. Jeder Mensch hat bestimmte Personen, für die genau er wichtig geworden ist, für die ihm eine Verantwortung und Zuständigkeit zugewachsen ist, ja – so können wir als gläubige Menschen sagen – für die Gott uns die Rolle eines solchen Hausvaters zugedacht hat.

So ein fürsorglich wachender Hausvater war *N. N.* in meinen Augen. Ich denke, so haben ihn viele erlebt – und zwar in mehrfacher Hinsicht. An allerererster Stelle natürlich seine Familie. In der liebevollen Beziehung, die Sie, Frau *N.*, seit fünf Jahren mit ihm verbunden hat. Als fürsorglicher Vater für seine kleine Tochter *N.* Ich denke, das enge Verhältnis zu ihr konnte jeder sehen, wenn er als stolzer Papa seine kleine Tochter bei Veranstaltungen in der Gemeinde im Tragetuch oder auf den Schultern mitgetragen hat und wie liebevoll und herzlich er mit ihr umgegangen ist. Aber genauso zu seiner großen Tochter *N.*, wenn er in der Sorge um ihre Gesundheit eigene Behandlungen verschoben hat.

Mehr Hausvater als Chef war *N. N.* auch in seinem Metallbaubetrieb. Nach seiner Kindheit und Schulzeit hat er, gleich in der *N.*er Nachbarschaft, bei der Firma *N.* dieses Handwerk gelernt und nach einigen Jahren in diesem Beruf noch sehr jung den Meister als Mechaniker gemacht. Später hat er dazu auch noch den Meisterbrief als Spenglermeister erworben und sich schließlich mit seiner Firma selbstständig gemacht. Als tüchtiger Handwerksmeister hat er seine Kunden in diesen 25 Jahren zur vollsten Zufriedenheit bedient und ihnen einwandfreie Arbeit geliefert. Und seinen Angestellten hat er damit ein gutes Auskommen gesichert. Ihnen vor allem galt seine Sorge als Chef: dass es seinen Leuten in der Arbeit gut geht und dass ein gutes Betriebsklima herrscht.

Ein besonderer Förderer und Gönner war unser Verstorbener für die *N.*er Ortsvereine, bei denen er zu einem großen Teil selbst Mitglied war. Für die Belange der Vereine hatte er stets ein offenes Ohr und hat ihre Arbeit tatkräftig unterstützt. Bei der 50-Jahr-Feier der BRK-Ortsgruppe im Juli, die er zu gerne noch miterlebt hätte, wäre *N. N.* wieder einmal Schirmherr bei einem Vereinsjubiläum gewesen. Auch hier trifft es das Bild vom guten Hausvater wohl am besten, was er den Vereinen gegenüber war.

Ein treu sorgender Hausvater, wachend über die Seinen, die ihm in dieser Funktion anvertraut waren, war *N. N.* aber ganz besonders als Erster Bürgermeister von *N.* Er kannte jede Autonummer seiner Mitbürger und hat im Vorbeifahren immer freundlich zugewinkt und gegrüßt, wenn ihm ein bekanntes Nummernschild oder Gesicht begegnet ist. Es war ein schönes Zeichen, dass Sie ihn bei seiner Überführung am Freitag vom Sterbehaus auf den Friedhof noch einmal durch seine Gemeinde gefahren haben.

Seit *[Datum]* gehörte *N. N.* für die Freien Wähler, zu deren Mitbegründern im Landkreis *N.* er zählte, dem *N.*er Gemeinderat an. Bei der Kommunalwahl 1996 wurde er zum Ersten Bürgermeister der Gemeinde *N.* gewählt und in diesem Amt zweimal mit überwältigend großer Mehrheit bestätigt. Mit unermüdlichem persönlichem Einsatz für unsere Gemeinde und ihre Bürger, mit Augenmaß und Weitblick hat er dieses verantwortungsvolle Amt ausgefüllt und viel für eine gute Entwicklung der Gemeinde *N.* auf den Weg gebracht.

N. N. war ein Bürgermeister im echten Sinn des Wortes: ein Meister an Bürgersinn, an Sinn für das Gemeinwesen. Wenn es dort gut lief, wenn ein Projekt gelungen war – und wenn er dazu etwas beitragen konnte –, dann war das seine höchste Freude. Er war von allen *N.*er Bürgern geachtet und geschätzt – auch von denen, die politisch zu einer anderen Richtung tendieren. Wir alle verlieren mit ihm einen ganz feinen Menschen.

Liebe Familie *N.*, liebe Trauergemeinde, ich darf das auch so persönlich sagen: Als ich vor knapp fünf Jahren als Pfarrer nach *N.* gekommen bin, habe ich mich sehr bald mit Ihrem Sohn, Ihrem Ehemann und Vater, mit unserem Bürgermeister freundschaftlich verbunden gefühlt. Er ist mir ans Herz gewachsen. Ich spüre in diesen Tagen seit seinem Tod, dass ich nun einen Freund mehr im Himmel habe.

Bei vielen gemeinsamen Geburtstagsbesuchen, bei Jahresabschlussfeiern der Gemeinde oder Vereinsversammlungen habe ich unseren Bürgermeister erlebt, und ein Satz aus seinen Ansprachen, den er dabei oft gesagt hat, den werde ich nie vergessen. Wenn er davon gesprochen hatte, was in der Gemeinde oder im Verein geplant ist, wie es gehen könnte, wenn alle mitmachen und zusammenhelfen, dann kam oft am Schluss aus seinem Mund – lachend, aus ehrlichem Herzen, mit strahlenden Augen, genauso wie wir ihn hier auf dem Bild vor uns sehen – dieser eine Satz: „… und dann is des wieder a guade Sach!“[2]

In diesem Satz, da steckt für mich so viel vom Charakter von *N. N.* drin. Seine optimistische Art, mit der er immer hoffnungsvoll und zuversichtlich in die Zukunft geschaut hat – auch über lange Zeit seiner schweren Krankheit hinweg, mit der er sich nicht versteckt hat. Seine Freude daran, wenn etwas gelungen ist. Aber auch die Art, etwas mit annehmen zu können, was im Moment nicht in Ordnung ist, in der Zuversicht, dass auch das am Ende noch irgendwie gut werden kann. Aus diesem Satz spricht für mich auch das versöhnliche Wesen von *N. N.* Es war ihm immer ein Anliegen, dass es harmonisch zugeht. Auseinandersetzungen, politische Meinungsverschiedenheiten oder Streitigkeiten, die es in der Kommunalpolitik manchmal auszuhalten gilt, die haben ihm innerlich zugesetzt und auf den Magen geschlagen, offensichtlich mehr, als er sich das hat anmerken lassen – auch wenn er sie nach außen hin weggelächelt hat. Er war immer bemüht, solche Dinge möglichst schnell beizulegen. Damit man auch da bald sagen konnte: „… und dann is des wieder a guade Sach!“

---

2 Auf Hochdeutsch: … und dann ist das wieder eine gute Sache!

Mit diesem Satz und mit der Lebenseinstellung, die sich darin ausdrückt, ist Ihr verstorbener Sohn, Ihr Ehemann und Vater ganz auf der Linie dessen gelegen, was Gott will. Gott will Gutes für seine Geschöpfe. Er will, dass es uns gut geht; er will Leben für uns. Das ist die Botschaft der Bibel von der ersten bis zur letzten Seite, vom Schöpfungsbericht bis zur Botschaft von der Auferstehung. Gott hat die Welt gut geschaffen. Am Ende jedes Schöpfungstages sagt er selbst über sein Werk: Es war alles sehr gut (vgl. Gen 1,31). In seiner wenigen Freizeit hat unser Verstorbener diese guten Gaben der Schöpfung zu genießen gewusst: mit seinem Hobby, der Pferdezucht, in Geselligkeit, bei einem guten Essen, beim Bergwandern. Das schöne Foto auf dem Sterbebild, das er selbst gemacht hat, zeigt ganz viel von seiner Liebe zur Natur der Bergwelt. Und er selbst hat mit seinem Lebenswerk auf vielfache Weise dem Leben gedient; er hat dazu beigetragen, dass andere Gutes erleben durften; dass auch sie sagen konnten: „… des is a guade Sach!"

Wenn Gott für uns nur Gutes will, wie passt aber dann dieses schwere Schicksal von *N. N.* ins Bild? Warum lässt Gott es dann zu, dass sein Leben schon mit 54 Jahren auf so grausame Weise zu Ende geht? Warum lässt er es geschehen, dass eine liebevolle Beziehung nur fünf Jahre währen durfte? Dass einem Kind mit drei Jahren der Vater genommen wird? Dass betagte Eltern ihrem Sohn ins Grab schauen müssen? Warum darf dann ein Mann mitten aus dem Leben gerissen werden, auf der Höhe seiner Schaffenskraft? Warum darf einer Gemeinde ihr Bürgermeister genommen werden, so kurz nach seiner Wiederwahl, den wir noch so gut hätten brauchen können?

Vor dieser Frage nach dem Warum des Leids in dieser Welt müssen wir kapitulieren. Diese Frage bleibt für uns ein dunkles Geheimnis. Darauf werden wir hier keine Antwort bekommen; vielleicht später einmal. Das Einzige, was uns dabei trösten kann, ist die Tatsache, dass Gott auch vor dem Leid und dem Tod nicht kapituliert. Das hat er uns gezeigt mit dem, was wir in den vergangenen Tagen der Kar- und Osterwoche gefeiert haben: dass Christus für uns in den Tod gegangen und auferstanden ist. An Ostern hat Gott endgültig bekräftigt, was von Anfang an sein Wille für seine Schöpfung ist. Das Einzige, was er für seine Schöpfung will, ist Leben. Und seit Ostern dürfen wir noch hinzufügen: und dort, wo Tod ist, ihn in Leben verwandeln.

Als praktizierender Christ hat unser Verstorbener immer wieder auf diesen Gott des Lebens geschaut: in der Mitfeier der Gottesdienste, im Gebet, als Richtschnur für sein Handeln. In der Taufe ist er in die Lebensgemeinschaft mit dem gekreuzigten und auferstandenen Christus hineingetauft worden. An ihn hat er sich gehalten – auch auf dem schweren Weg seiner Krankheit. Die zuversichtliche Art von *N. N.*, immer das Gute zu sehen, und sein freundliches, versöhnliches Wesen, die rühren wohl auch her von seinem österlichen Glauben an diesen Gott des Lebens, bei dem immer noch etwas möglich ist, der für uns Leben bereithält, auch dort, wo wir nur Tod sehen.

Auf diese Verwandlung zu neuem Leben dürfen wir auch für unseren Verstorbenen hoffen. Denn so wie er ein guter Hausvater für viele gewesen ist, so wird Christus das auch für ihn sein. Vigilans pro suis – wachend über die Seinen, lässt Christus keinen verloren gehen, auch im Tod nicht. So wie uns Jesus im Evangelium heute sagt: „Es ist der Wille dessen, der mich gesandt hat, dass ich keinen von denen, die er mir gegeben hat, zugrunde gehen lasse, sondern dass ich sie auferwecke am Letzten Tag" (Joh 6,39). Bei Christus wird nichts von dem verloren sein, was Ihr Sohn, Ihr Ehemann, Schwiegersohn und Vater, was *N. N.* als Mensch, als Firmenchef, als Vereinskamerad und Bürgermeister Gutes getan hat. Und darum auch er selbst nicht. Und auch das, was in seinem Leben nicht gut war, wo er in seinen menschlichen Beziehungen Scheitern erlebt hat, was er schuldig geblieben ist, wird Christus wie ein guter Hausvater mit anzunehmen wissen.

Für Sie, liebe Familie *N.*, und für uns alle ist der Tod von *N. N.* eine schwere Prüfung, in der sich unser Glaube bewähren muss, wie es in der Lesung geheißen hat. Aber durch die Auferstehung Christi von den Toten haben wir eine lebendige Hoffnung. Die Hoffnung, dass für ihn nach seinem schweren Weg durch Krankheit und Sterben nun doch alles gut ist; dass er in Gottes Ewigkeit ganz ungeschmälert und auf ewig erfahren darf, was Gott für uns will: durch und durch Gutes, ein erfülltes Leben. Uns drücken im Moment noch Trauer und Schmerz. Aber wenn wir uns getröstet haben, werden wir hoffentlich einwilligen können in das, wie es nun geworden ist, und erleben dürfen, was Dietrich Bonhoeffer einmal schreibt: „Je schöner und voller die Erinnerung, desto schwerer ist die Trennung. Aber die Dankbarkeit verwandelt die Erinnerung in eine stille Freude. Man trägt das vergangene Schöne nicht wie einen Stachel, sondern wie ein kostbares Geschenk in sich." Oder wie es unser lieber Verstorbener selbst gesagt hätte: … und irgendwann is des wieder a guade Sach!

Herzblut

Eine 56-jährige Ehefrau und Mutter starb nach längerem Kampf gegen die Krankheit trotz erhaltener Knochenmarkspende an Leukämie. Ihre Familie war ihr Lebensmittelpunkt und ihr Lebensinhalt. Dafür hat sie ihr Herzblut gegeben. Als Verwaltungsangestellte in einer Klinik war sie bei Kollegen und Patienten gleichermaßen beliebt.

Lesung: Eph 1,3–14
Evangelium: Joh 19,17–18.28–35

„Blut ist ein ganz besonderer Saft", so sagen wir mit einem Sprichwort. Blut, das steht für Leben. Einer archaischen Vorstellung nach wurde das Blut als Sitz des Lebens angesehen, weshalb zum Beispiel das Judentum das Verbot kennt, Blut zu verzehren. Mit dem Blut tastet man an das Leben selber. Noch in unserer Alltagssprache schimmert diese Vorstellung durch. Wir reden vom Blutvergießen und meinen damit, dass ein Leben gewaltsam beendet wurde. Blut, das ist Leben.

Eine Krankheit am Blut bedroht deshalb das eigene Leben ganz unmittelbar. Das haben Sie, liebe Familie *N.*, mit der Leukämieerkrankung Ihrer Ehefrau und Mutter auf ganz bittere Weise in den zurückliegenden eineinviertel Jahren erlebt. Im November 2006 wurde der Blutkrebs bei ihr festgestellt. Im April bekam sie eine Stammzellen-Transplantation, nachdem ein passender Spender gefunden war, und bis August ist der Genesungsprozess auch langsam, aber stetig vorangeschritten. Da keimte berechtigte Hoffnung auf, dass Ihre Schwester und Schwägerin diese schwere Krankheit überwinden und in ihr bisher gewohntes Leben zurückkehren könnte. Doch seither haben sich immer wieder Komplikationen und Rückschläge eingestellt. Trotz zahlreicher Operationen, trotz ihres ungebrochenen Lebenswillens und ihres Durchhaltevermögens, das sie auch in dieser schweren Zeit nie hat klagen lassen, ist die Lebenskraft von *N. N.* zuletzt immer weniger geworden. Am Sonntag ist sie in der Uniklinik in *N.* im Beisein ihrer Familie gestorben.

Ihre Familie, das war der Lebensmittelpunkt und Lebensinhalt von *N. N.* Dafür hat sie ihr Herzblut gegeben. Nach der Hochzeit 1974 und der Geburt ihrer beiden Kinder *N.* und *N.* hat sie ihren erlernten Beruf als Verwaltungsfachkraft im Landratsamt *N.* aufgegeben, um ganz für ihre Familie da zu sein und ihre Kinder auf einem guten Weg ins Leben hinein zu begleiten, an ihrem Lebensweg engen Anteil zu nehmen und ihnen das mitzugeben, was ihr selber wichtig war. Da bewahrheitet sich der Spruch: „Blut ist dicker als Wasser." Ja, unsere Verstorbene war ein Familienmensch durch und durch. Mit ihrer liebevollen, bescheidenen und großzügigen Art hat Ihre Ehefrau und Mutter viel zu dem harmonischen und schönen Miteinander beigetragen, das Sie in Ihrer Familie erleben durften. Sie hat Ihnen ein schönes Heim bereitet, ein echtes Zuhause – auch durch ihre Arbeit im Garten, was sie viel und gern getan hat, und mit ihren Bastelarbeiten. Dankbar dürfen Sie zurückschauen auf all die schönen Jahre und Erlebnisse miteinander und das im Herzen bewahren.

Nachdem ihre Kinder groß geworden waren, hat *N. N.* ihre Berufstätigkeit wieder aufgenommen: zuerst in der Verwaltungsgemeinschaft *N.* und seit 2000 in der Verwaltung in der Fachklinik in *N.* Vor allem den Kontakt mit den Menschen hat sie dabei besonders gern gehabt. Mit ihrem fleißigen, ihrem charmanten und humorvollen Wesen war sie nicht nur dort sehr beliebt: bei ihren Mitmenschen, bei Kollegen und Patienten. In ihnen hat sie nie nur den Krankheitsfall, sondern immer den Menschen gesehen und sich für deren Wohl eingesetzt.

Liebe Trauergemeinde, in der Art und Weise, wie *N. N.* ihr Leben gestaltet hat, da leuchtet für mich immer wieder eine Sache auf: die Hingabe an andere. Vom anderen her zu denken, ein Stück Leben für andere einzusetzen, zu sehen, was der andere braucht oder was ihm guttut, und das dann zur Tat werden lassen. Ich denke, das hat sich unsere Verstorbene bei Christus abgeschaut. Auf ihn hat sie im Glauben ihr Leben gebaut. Mit dieser gelebten Hingabe ist sie Christus ein Stück ähnlich geworden. Wofür sein Herz geschlagen hat, das ist auch *N. N.* ein Herzensanliegen geworden. Die Liebe zum Nächsten, die Jesus so wichtig war, ist ihr regelrecht in Fleisch und Blut übergegangen. Und das wird auch Gott bei ihr sehen. Das macht uns zuversichtlich, dass Gott, wenn er ihr Leben anschaut, darin das Bild seines Sohnes wiedererkennen wird und ihr mit Christus das Erbe des Himmels geben wird.

Dass dieses Leben mit erst 56 Jahren schon zu Ende gegangen ist, das schmerzt Sie, liebe Angehörige, und alle, die *N. N.* gekannt haben, sehr. Wir hätten ihr alle ein längeres Leben gewünscht. Einer hat mit der Knochenmarkspende für sie sogar buchstäblich sein Blut gegeben, um ihr weiteres Leben zu ermöglichen. Leider hat der Versuch, ihr mit seinem Blut Leben zu schenken, nur für kurze Zeit geholfen.

Was auf unserer menschlich-medizinischen Ebene gescheitert ist, das hat ein anderer auf eine tiefere, geistliche Art und Weise für unsere Verstorbene getan: Jesus Christus. Er hat für uns alle am Kreuz sein Blut vergossen, damit wir leben; auch dann, wenn wir in dieser Welt gestorben sind. Mit seinem Blut gibt er uns das Leben. Das dürfen wir heute ganz persönlich auf Ihre Ehefrau und Mutter beziehen: Auch für sie hat Christus am Kreuz sein Blut vergossen, um sie zu erlösen und ihr ewiges Leben zu erwerben.

Am Kreuz, als ein Soldat mit einer Lanze das Herz Jesu durchbohrt hat, so haben wir eben im Evangelium gehört, „floss Blut und Wasser heraus" (Joh 19,34). Die Kirche hat das immer schon auf die Sakramente der Eucharistie und der Taufe hin gedeutet. Aus der Lebenshingabe Jesu am Kreuz entspringen für uns die Sakramente der Erlösung. „Durch sein Blut haben wir die Erlösung" (Eph 1,7), so formuliert es Paulus im Brief an die Epheser.

In der Taufe ist Ihre Ehefrau und Mutter, Ihre Schwester, Schwägerin und Tante in Jesu Tod und Auferstehung hineingetaucht worden, in die Lebensgemeinschaft mit Christus. Da ist ihr der Anfang der Erlösung geschenkt worden. Und sie hat dieses Heilsangebot Gottes gläubig angenommen. Sie hat sich mit ihrem Leben unter das Kreuz gestellt, hinein in den Strom der göttlichen Gnade, der uns Menschen aus dem geöffneten Herzen Jesu zufließt.

Der Glaube hat ihr Halt gegeben, auch in der schweren Phase ihrer Krankheit. Diesen Glauben hat sie aktiv gelebt – zum Beispiel als langjähriges Mitglied und Schriftführerin im *N.*er Pfarrgemeinderat – und ihn auch ihren Kindern vermittelt. Im Gebet – auch gemeinsam in der Familie, beim Tischgebet zum Beispiel – hat sie den Kontakt mit Gott gepflegt; genauso am Sonntag in der regelmäßigen Mitfeier der Eucharistie. Dabei hat sie in der Kommunion immer wieder Christi Leib und Blut empfangen: sein Leben, hingegeben, damit wir das Leben haben „und es in Fülle haben" (Joh 10,10b), wie Jesus eigens betont.

Dass unsere verstorbene Schwester im Glauben nun dieses Leben in Fülle genießen darf, das dürfen wir zuversichtlich hoffen; dass Gott nun an *N. N.* einlöst und Wirklichkeit werden lässt, was sie in der Feier der Sakramente anfanghaft und im Zeichen empfangen hat: die Gabe der Erlösung, das ewige Leben. So wie wir in einem Lied aus unserem *Gotteslob* immer wieder singen (GL 213,2–3):

Du hast für uns dein Leben,
o Jesu, hingegeben
und gibst dein Fleisch und Blut
zur Speise und zum Tranke;
wer preist mit würd'gem Danke
dies unschätzbare ew'ge Gut?

„Kommt alle, die auf Erden
von Not bedränget werden",
so spricht dein eig'ner Mund,
„ich will euch wiedergeben
mit meinem Blut das Leben!
Dies ist der neue, ew'ge Bund."

Das Zeitliche gesegnet

Eine im Ort allseits geschätzte Ehefrau, Mutter und Oma ereilt bei der Hausarbeit im Alter von 57 Jahren ein Sekunden-Herztod. In der örtlichen Gastwirtschaft ihrer Schwester war sie die gute Seele des Betriebs. Viele Menschen haben sie als Segen empfunden. In ihrem religiös ausgerichteten Leben hat sie sehr auf den Segen Gottes vertraut und diesen für sich und die Ihren erbeten.

Lesung: 1 Petr 3,8–12
Evangelium: Mt 10,28–33

Wenn jemand verstorben ist, dann kann man dafür manchmal die etwas altertümliche Formulierung hören, er oder sie habe „das Zeitliche gesegnet". Im Tod lassen wir das Zeitliche hinter uns, müssen es hinter uns lassen. Bewusst auf das eigene Sterben zuzugehen, indem man von allem Irdisch-Vergänglichen Abschied nimmt, dankbar für den darin erfahrenen Segen Gottes, und sich von seinen Lieben verabschiedet, sie mit seinem Segen versehen zurücklässt, das galt den Alten als ein guter Tod. Die Patriarchen im Alten Testament – Isaak und Jakob – holen deshalb ihre Söhne an ihr Sterbebett und geben ihnen ihren Segen, bevor sie sterben. Bei der Himmelfahrt Jesu heißt es auf ähnliche Weise, dass Jesus seine Jünger verließ, indem er segnend zum Himmel emporgehoben wurde. Daher rührt diese Redensart „das Zeitliche segnen".

So ein bewusster Abschied von dieser Welt war Ihrer Ehefrau, Mutter und Oma, Ihrer Schwester, Schwägerin und Tante nicht vergönnt. Sie ist am Montagvormittag durch einen Sekunden-Herztod während der Hausarbeit mitten aus dem Leben herausgerissen worden; ohne Vorzeichen einer Krankheit, von einem Moment auf den anderen. Und das mit erst 57 Jahren! Erschüttert fragen wir: Warum so plötzlich? Und warum in unseren Augen so viel vor der Zeit? Wo sie doch noch so notwendig hier bei uns gebraucht worden wäre! Doch auf diese bedrängenden Fragen bekommen wir keine Antwort. Welcher verborgene Sinn dennoch auch in einem solchen Sterben liegen mag, da lässt sich Gott von uns nicht in die Karten schauen.

Liebe Trauergemeinde, wenn *N. N.* auch nicht nach Art und Sinn dieser Redensart von dieser Welt gehen durfte, so hat sie dennoch auf eine andere Weise das Zeitliche gesegnet – nämlich mit ihrem ganzen Wesen. Sie war ein Segen für ihre Zeit. Sie war ein Segen für die Menschen, die mit ihr verbunden gelebt haben, und für alle, die ihr begegnet sind.

Unsere Verstorbene war ein Segen für ihre Familie, für die sie liebevoll gesorgt hat. Ihrem Mann *N.*, mit dem sie 34 Jahre verheiratet war, und ihren beiden Kindern *N.* und *N.* hat sie ein harmonisches, schönes und wohnliches Zuhause in der *N.*-Straße hier in *N.* bereitet, wo sie nach einigen Jahren in *N.* ihr Haus gekauft haben und somit näher beim Gasthaus *N.*, ihrer Arbeitsstätte, waren. Dass ihr Mann *N.* so viel Verständnis hatte für die viele Zeit, die sie mit der Arbeit im Gasthaus zubrachte, das hat sie als segensreich erfahren, dafür war sie sehr dankbar. Ihre besondere Liebe und Fürsorge galt in den letzten Jahren ihrem kleinen Liebling, dem Enkel *N.*, den sie tageweise bei sich betreut hat, damit ihre Tochter *N.* in die Arbeit gehen konnte. Auch das war etwas ganz Segensreiches.

Segen ist, was das Leben bereichert, was es aufblühen lässt, was es schön und lebenswert macht. Solchen Segen hat unsere Verstorbene im Familienleben erfahren. Daneben auch beim Kartenspielen oder beim Eisstockschießen, wo sie auch auf Meisterschaften gefahren ist. Im Schafkopfen war sie einmal sogar bayerische Meisterin. Außerdem beim Autofahren und auf Reisen, was sie gern getan hat – zuletzt, vor ein paar Wochen erst, wieder ins geliebte Südtirol.

Von diesem selbst erfahrenen Segen hat *N. N.* gern an andere weitergegeben. Ihre Nachbarschaft zum Beispiel hat sie als einen Menschen erlebt, von dem Segen ausgegangen ist. Mit ihrer herzlichen Wärme und ihrer Aufgeschlossenheit für andere, durch ihr mitfühlendes Wesen hat sie nicht nur dort für einen guten Zusammenhalt gesorgt.

Ein ganz besonderer Segen war unsere Verstorbene für das Gasthaus *N.* Seit ihrem Realschulabschluss, nur kurz unterbrochen von gelegentlicher Aushilfstätigkeit in der *N.*er Gemeindeverwaltung, hat sie im elterlichen Gasthaus mitgearbeitet und es später zusammen mit ihrer Schwester *N.* fortgeführt. An seinem Sterbebett hat sie ihrem Vater versprochen, auf ihre Schwester *N.* und das Gasthaus aufzupassen. Und dieses Versprechen hat *N. N.* sehr ernst genommen und eingehalten. Sie hat im Betrieb des Gasthauses ihre Schwester unterstützt, wo es nur ging. Dabei war sie stets der genaue, akribische Teil des Schwesternduos, der sich um das Finanzielle gekümmert und die Zettelwirtschaft geordnet hat.

Durch ihre Präsenz im Gasthaus, wo sie die Gäste bedient und die *N.*er Ortsvereine beherbergt hat, haben ganz viele unsere Verstorbene gut gekannt. Und sie war ja auch selbst Mitglied bei einigen Vereinen und Gruppierungen: zum Beispiel beim Frauenbund, bei der Freiwilligen Feuerwehr *N.*, beim EC *N.*, beim CSU-Ortsverband. Alle, die ihr begegnet sind, haben *N. N.* als einen stets freundlichen Menschen mit einer positiven Lebenseinstellung und Ausstrahlung erlebt, der anderen so gerne Gutes tun mochte. Sie hat sich mit jedem gern abgegeben. Für jeden hatte sie ein gutes Wort, hat sich für den anderen interessiert, hat Anteil genommen an den Freuden und Sorgen ihrer Mitmenschen und konnte sich dabei so gut in den anderen hineinversetzen. Sie wollte es jedem recht machen, und meistens hat sie das auch geschafft. Ohne es mit dem Lob zu übertreiben, dürfen wir sagen: *N. N.* war eine Seele von Mensch. Sie wird uns sehr fehlen.

Aber diese ihre Seele, das, was ihr Leben und Wesen ausgemacht hat, das wird weiterleben, wie Jesus im Evangelium andeutet, wenn er sagt: „Fürchtet euch nicht vor denen, die den Leib töten, die Seele aber nicht töten können“ (Mt 10,28). Der Tod kann nur unserem Körper etwas anhaben. Tot ist nur ihr Leib. Das schmerzt uns natürlich, denn nur über den Leib haben wir in dieser Welt unmittelbaren Zugang zu einem anderen Menschen. Und der ist uns in Zukunft zu *N. N.* verwehrt. Aber ihr Leben selbst ist damit nicht zu Ende. In unseren Herzen und bei Gott lebt sie fort. So wie Jesus im Evangelium sagt: Gott lässt niemanden ins Verderben fallen, der sich zu ihm bekennt. Dafür ist unser Leben in seinen Augen viel zu kostbar. Noch dazu bei einem so wertvollen Menschen, wie *N. N.* es war.

Mit ihrer Lebensführung, liebe Schwestern und Brüder, hat unsere verstorbene Schwester verwirklicht, was der erste Petrusbrief den Christen ans Herz legt, wie wir es in der Lesung gehört haben: „Seid voll Mitgefühl und brüderlicher Liebe, seid barmherzig und demütig! … Segnet, denn ihr seid dazu berufen, Segen zu erlangen“ (1 Petr 3,8). Mit ihrem Leben hat Ihre Ehefrau, Ihre Mutter und Schwester das Leben vieler Menschen bereichert, ist sie für andere zum Segen geworden.

Und darum braucht uns um den ewigen Segen Gottes für sie selbst nicht bange zu sein. Auf den Segen Gottes hat unsere verstorbene Schwester im Leben sehr vertraut. Die religiösen Zeichen unseres Glaubens, mit denen sie sich daheim umgeben hat – das Kreuz, die Heiligenfiguren –, sprechen davon. *N. N.* hat gern und viel gebetet. Jedes Jahr ist sie mindestens zweimal nach Altötting gewallfahrtet, so wie sie es einmal versprochen hatte. Auch zuletzt, auf der Heimreise vom Urlaub in Südtirol, wollte sie unbedingt noch einen Abstecher zur Gnadenkapelle, zur Muttergottes, machen. Jeden Donnerstag, an ihrem Ruhetag im Gasthaus, hat sie ganz bewusst die heilige Messe mitgefeiert, weil es ihr sonntags wegen der langen Arbeitszeit im Gasthaus nicht immer möglich war. Dabei hat sie den Segen, Christus nahe zu sein, erfahren. So wie sie sich vor den Menschen zu Christus bekannt hat – darauf dürfen wir nach allem, was wir bei unserer verstorbenen Schwester im Glauben sehen, fest vertrauen und zuversichtlich sein –, so wird er sich vor seinem himmlischen Vater auch zu ihr bekennen und ihr nun, nachdem sie das Zeitliche gesegnet hat, den ewigen Segen des Himmels geben.

Aller irdisch-zeitliche Segen ist begrenzt, die Segnungen dieser Zeit sind brüchig und vergänglich, doch der Segen Gottes bleibt ewig. In diesen ewigen Segen Gottes betten und bergen wir heute unsere verstorbene Schwester. Mit dem Segen Gottes versehen und einem letzten Lebewohl müssen wir sie heute schweren Herzens zu Grabe tragen. Über ihrem Grab werden wir das Kreuz aufrichten, das Sieges- und Segenszeichen unserer Erlösung. Der Segen Gottes soll sie begleiten. Denn Segen, das ist göttliche Lebenskraft; das Wirken Gottes, mit dem er Leben schafft und erhält. Wen Gott segnet, der darf Leben spüren – hier und auf ewig.

Weggemeinschaft auf Zeit

Ein 61-jähriger Familienvater und Angestellter in der Bundeswehrverwaltung erlag zu Hause in der Badewanne einem plötzlichen Herztod. In der Pflege seiner Schwiegermutter, in Gemeinde und Pfarrei hatte sich der Verstorbene auf vielfache Weise engagiert und gern für andere eingesetzt. Dadurch stand er mit vielen Menschen in Verbindung.

Lesung: Röm 6,3–11
Evangelium: Lk 24,13–35

„Irgendwann sind wir alle mal dran!" – Dieser Satz wird häufig gesagt, wenn die Rede aufs Sterben kommt. Ja, das stimmt. Das ist eine schmerzliche Wirklichkeit unseres Menschseins. Aber dass Ihr Ehemann und Vater, Ihr Bruder und Schwager mit seinen erst 61 Jahren schon dran sein würde, das hatte nun wahrlich niemand vermutet. Das trifft Sie als Familie und alle, die *N. N.* gekannt haben, wie ein Schlag aus heiterem Himmel. Das Schicksal hat hart zugeschlagen.

Ohne alle Vorzeichen einer Krankheit hat ihn am Samstagnachmittag in der Badewanne ein plötzlicher Herztod ereilt. Es muss so schnell gegangen sein, dass er nicht einmal mehr um Hilfe rufen konnte. Vermutlich hat er selber gar nicht viel davon mitbekommen, sondern war sofort tot. Als Sie, Frau *N.*, Ihrem Mann das Telefon wegen eines Anrufs für ihn ins Bad bringen wollten, haben Sie ihn tot in der Wanne gefunden. Von einem Moment auf den anderen war sein Leben zu Ende.

Dabei hatte er doch noch so viel vor. Im Dezember hätte für ihn die Freistellungsphase der Altersteilzeit begonnen, auf die er sich schon gefreut hat. Für diesen neuen Lebensabschnitt hatte er für sich die Arbeit im Garten neu entdeckt und einiges an seinem Haus hergerichtet. Gerade in der Pflege seiner Schwiegermutter, in der sich *N. N.* sehr engagiert hatte, wäre seine Hilfe so notwendig gewesen. Auch da hätte es allen gutgetan, dass er bald ganz zu Hause gewesen wäre. Mit Anfang 60, da darf man sich doch noch einiges ausrechnen vom Leben. Da denkt doch niemand dran, dass man schon mit dem Sterben an der Reihe sein könnte.

Aber es geht mit dem Sterben eben nicht der Reihe nach. Irgendwann – und das gilt unabhängig von unserem Alter – sind wir alle mal dran. Wir Menschen stecken in einer Art Schicksalsgemeinschaft, was den Tod betrifft. Den einen trifft es früher, den anderen später. Niemand kann ihm entfliehen.

Unser Leben hier auf Erden ist immer eine Weggemeinschaft auf Zeit. Menschen treten in unser Leben; wir gehen ein Stück des Wegs zusammen mit ihnen; aber irgendwann trennen sich unsere Wege wieder, müssen wir einander im Tod ziehen lassen. Leben ist Weggemeinschaft. Das klingt auch im Evangelium an, das uns die beiden Jünger auf ihrem Weg nach Emmaus vor Augen führt. Unser Verstorbener hatte ein gutes Gespür für diese Weggemeinschaft des Lebens. Er war ein geselliger und hilfsbereiter Mensch: in der Familie, im Verein, in der Pfarrei, als Betriebsrat. Er hat sich mit seinen Talenten gern für die Gemeinschaft eingesetzt. Er war kein Mann großer Worte, sondern hat stattdessen mit angepackt.

Liebe Trauergemeinde, wir alle, die wir hier versammelt sind, haben ein Stück des Lebenswegs mit *N. N.* geteilt. Seine vier Geschwister, mit denen er in *N.* seine Kindheit verbracht hat. Nach der Schulzeit dort hat er Landmaschinenmechaniker gelernt.

Seine eigene Familie natürlich, die er gegründet hat. Seine Frau *N.*, die er durch seine Stationierung bei der Bundeswehr in *N.* kennengelernt hatte. 1979 wurde geheiratet. Dadurch kam er nach *N.* Und die beiden Töchter *N.* und *N.*, denen er ein guter Vater war. Für seine Familie hat *N. N.* alles getan. Die Familie stand bei ihm an erster Stelle.

Ein großes Stück Weggemeinschaft verbindet unseren Verstorbenen mit seinen Arbeitskollegen bei der Bundeswehr. Nach zwölf Jahren als Zeitsoldat in *N.* hat er anschließend seine berufliche Aufgabe in der Standortverwaltung der Bundeswehr gefunden. In der Bekleidungskammer hat er dabei seinen Dienst geleistet: zuerst in *N.* und dann – nach der Schließung des dortigen Standorts – in *N.*

Ein Stück Weggemeinschaft teilen mit unserem Verstorbenen aus dem *N.*er Vereinsleben die Mitglieder beim VdK und bei der Freiwilligen Feuerwehr. Dort war er jahrelang als Gruppenführer tätig. Erst vor kurzem hatte er diese Aufgabe aus Altersgründen niedergelegt.

Und auch als Angehörige der Pfarrei *N.* sind wir ein gutes Stück Lebensweg mit *N. N.* gegangen. Er hatte seinen festen Platz in unserer Gottesdienstgemeinde am Sonntag. Eine Wahlperiode lang war er Mitglied im Pfarrgemeinderat, und auch außerhalb davon hat er sich gern in der Pfarrei, im Pfarrfestausschuss und als Helfer beim jährlichen Pfarrfest zur Verfügung gestellt. Dabei konnte er sein handwerkliches und organisatorisches Geschick einbringen. Daran hatte er sichtliche Freude.

Liebe Schwestern und Brüder, diese Weggemeinschaft, die uns mit *N. N.* verbunden hat, endet mit seinem Tod. Es ist eben eine Weggemeinschaft auf Zeit. Sein Weg hat nun aus dieser Welt hinausgeführt; unser Weg in dieser Welt geht weiter. Aber auch für uns wird einmal der Tag kommen, an dem wir dran sind zu gehen. Eine Schicksalsgemeinschaft des Todes umschließt uns.

Doch seit Ostern, seit der Auferstehung Jesu, ist das nicht mehr alles, was wir über unser Leben sagen können. Seither gibt es nicht nur diese Schicksalsgemeinschaft des Todes, sondern auch eine Schicksalsgemeinschaft des Lebens. Die schenkt uns Jesus Christus, der Auferstandene. „Wenn wir nämlich ihm" – Jesus Christus – „gleich geworden sind in seinem Tod", so schreibt der Apostel Paulus in der Lesung aus dem Römerbrief, „dann werden wir mit ihm auch in seiner Auferstehung vereinigt sein" (Röm 6,5). In der Taufe werden wir aufs Engste mit dem Lebensschicksal Jesu verbunden. Durch unsere Taufe, so schreibt Paulus an anderer Stelle, sind wir mit Christus gestorben und auferstanden (vgl. Röm 6,8). Mit unserer Taufe beginnt also ein Leben, das niemand uns nehmen kann, selbst der Tod nicht; ein Leben, das bleibt, auch wenn man uns zu Grabe trägt. Wenn bei der Beerdigung der Sarg mit Weihwasser besprengt wird, wird uns das im sichtbaren Zeichen anschaulich gemacht, wenn es dazu heißt: „Im Wasser der Taufe bist du mit Christus begraben worden und hast in ihm neues Leben empfangen. Der Herr vollende an dir, was er in der Taufe begonnen hat."

In der Taufe ist unser verstorbener Bruder im Glauben in diese Lebensgemeinschaft mit Christus aufgenommen worden, in diese Schicksalsgemeinschaft zum Leben. Und er hat ganz bewusst mit Christus gelebt. In der regelmäßigen Mitfeier der Gottesdienste, im Mitleben mit seiner Pfarrei hat Ihr Ehemann und Vater die Gemeinschaft mit Christus gepflegt. Mit seinem hilfsbereiten Einsatz für seine Nächsten hat er das Vorbild Jesu an Hingabe für andere nachgeahmt.

N. N. ist seinen Lebensweg eng verbunden mit Christus gegangen. So dürfen wir zuversichtlich sein, dass Christus ihm seinen so plötzlichen und unvermittelten Weg aus dieser Welt hinaus erschließen wird, der für uns so schwer begreiflich bleibt, so wie es der Auferstandene mit den beiden Emmausjüngern getan hat, als er ihnen unterwegs den Sinn seines Sterbens erschlossen und ihnen dargelegt hat: „Musste nicht der Messias all das erleiden, um so in seine Herrlichkeit zu gelangen?“ (Lk 24,26). So dürfen wir glauben, dass auch für Ihren Ehemann und Vater, Ihren Bruder und Schwager der Tod nicht die Endstation ist, sondern das Sprungbrett zu einem neuen Leben in der Herrlichkeit Gottes.

Ja, liebe Trauergemeinde, irgendwann sind wir alle mal dran in dieser Schicksalsgemeinschaft des Todes, die alles Lebendige umschließt. Doch seit Ostern, seit der Auferstehung Jesu, hat dieser Satz eine neue Bedeutung bekommen. Irgendwann sind wir alle mal dran. Aber nicht nur mit dem Sterben, sondern mit dem Leben: dem endgültigen, erlösten, ewigen Leben in der Gemeinschaft bei Gott.

Festgemacht am Ankerplatz der Ewigkeit

Kurz nach seinem Renteneintritt wurde bei dem 65-jährigen Außendienstmitarbeiter Krebs festgestellt, an dem er wenige Monate später starb. Im Ruhestand wollte er nun Zeit haben für gemeinsame Unternehmungen mit seiner Frau. Eine Reise war bereits gebucht. Der Verstorbene war ein engagierter Christ, der sich für Frieden und Gerechtigkeit in der Welt eingesetzt hat, für einen gerechten Welthandel, für eine ökologische Politik, für die Bewahrung der Schöpfung und für die Ökumene. Der Prediger ist mit der Familie des Verstorbenen persönlich befreundet.

Lesung: Gen 1,1–2,2
Evangelium: Joh 10,10b–15.27–29

Das Leben kann manchmal richtig gemein und in unseren Augen ungerecht sein. Dass *N. N.* nach 50 Jahren Berufstätigkeit, nachdem er erst seit zwei Monaten in Rente war, die Diagnose Lungenkrebs ereilt hat und er drei Monate später, trotz allem Bemühen der Ärzte, daran gestorben ist, das können wir nur beklagen.

Nachdem er als gelernter Industriekaufmann viel im Außendienst unterwegs war – die letzten zwölf Jahre für die Firma *N.* als Verkäufer von Landmaschinenersatzteilen –, sollte nun mehr Gelegenheit sein für gemeinsame Unternehmungen mit seiner Frau *N.* – zum Beispiel für Urlaube an seiner geliebten Nordsee. Für Juni war schon ein solcher Urlaub am Meer geplant, in einer Pension mit Namen „Ankerplatz". Nun hat das Schifflein seines Lebens an einem ganz anderen, ewigen Ankerplatz festgemacht. Es sollte jetzt mehr Zeit sein „für seine vier Buben" als liebevoller Opa, zum Spielen mit ihnen; es ein wenig ruhiger angehen lassen und das Leben genießen können, im erst kürzlich bezogenen Haus in der *N.*-Straße.

Seine schwere Krankheit hat all das zunichtegemacht. Wir alle hätten es ihm gewünscht und haben für ihn gebetet, dass ihm nach seiner Operation nochmal ein Stück Leben geschenkt wird – und euch mit ihm. Aber es ist anders gekommen. Viel zu früh und schnell ist

N. N. das Leben abgeschnitten worden. Wir können nur beklagen, dass ihm nicht mehr an Leben geschenkt worden ist. Und das gerade einem, der sich doch auf vielfältige Weise stets *für* das Leben eingesetzt hat.

Für euch, *N.* und *N.*, seine beiden Töchter, für die er sich als Vater schützend vor seine Kinder gestellt hat. Auch euch zuliebe ist er aus *N.* im Rheinland, wohin er als Kind mit seinen Eltern gezogen und wo er seitdem beheimatet war, nach Bayern zurückgekehrt, damit ihr in einer ländlicheren, naturnahen Umgebung aufwachsen konntet, und hat sich deshalb hier eine neue Arbeitsstelle gesucht.

Der Einsatz für das Leben prägt auch die vielen ehrenamtlichen Tätigkeiten, in denen unser Verstorbener dich, *N.*, tatkräftig unterstützt hat. Ob im Bemühen um einen gerechteren Welthandel beim Verkauf fair gehandelter Waren für den Kleine-Welt-Laden. Oder das Eintreten für eine nachhaltige, wertorientierte und ökologisch ausgerichtete Politik. Und natürlich sein Einsatz für die Bewahrung der Schöpfung. Als Sprecher des Arbeitskreises „Christen und Ökologie" hat sich *N. N.* vor allem für den Erhalt der frei fließenden Donau starkgemacht. Seit 1996 hat er Monat für Monat das Donaugebet am Bootsanlegeplatz in *N.* organisiert. Es ist ein schönes Zeichen, dass zu seiner Beerdigung das Geld für Blumen und Kränze stattdessen für die Restaurierung eines Kreuzes verwendet werden soll, das dort als Gebetsstätte aufgerichtet werden wird. Das passt zu ihm.

Denn der Einsatz unseres verstorbenen Bruders für das Leben in seiner reichhaltigen Vielfalt, der entsprang einem tiefen christlichen Glauben. Der hl. Franz von Assisi, den er bei einer Pilgerreise mit der Pfarrei noch näher kennengelernt hatte, war ihm darin ein lebendiges Vorbild. *N. N.* war ein engagierter Christ. Er hat in Christus den guten Hirten seines Lebens erkannt und auf seine Stimme gehört. Und er hat sich in der Herde dieses Hirten – am kirchlichen Leben – rege beteiligt. Wo er aus menschlicher Schwachheit gefehlt hat oder er etwas schuldig geblieben ist – in seiner ersten, gescheiterten Ehe zum Beispiel –, das wird Christus deshalb in seiner Barmherzigkeit zu nehmen wissen als guter Hirt, der dem verlorenen Schaf nachgeht, es sucht und zur Herde zurückträgt.

Vor allem die Ökumene war unserem Verstorbenen aufgrund seiner eigenen Lebensgeschichte als evangelisch getaufter und später katholisch gewordener Christ ein wichtiges Anliegen: ökumenische Gottesdienste wie in der Gebetswoche für die Einheit der Christen und das ökumenische Friedensgebet, die von unserer Ökumene-Runde vorbereitet werden, oder die Teilnahme am Ökumenischen Kirchentag. Die Spaltung in verschiedene Konfessionen, dass wir nicht im Glauben an und im Zeugnis für Christus miteinander Eucharistie feiern können, das hat er als schmerzlich empfunden und ist damit ganz nah am Herzen Christi, der sich doch nichts sehnlicher wünscht, als dass die Seinen eins seien (vgl. Joh 17,21). Es ist schön, dass wir heute beim Requiem für *N. N.* ein Stück Ökumene erleben dürfen, indem der evangelische Posaunenchor spielt, mit dem zusammen er viele Donaugebete gestaltet hat, und indem auch Pfarrer und Diakon der evangelischen Gemeinde mit da sind.

Dem Leben zu dienen, liebe Trauergemeinde, das sehe ich als das große Thema in der Lebensgeschichte von *N. N.* Und damit liegt er ganz auf der Linie Gottes und Jesu Christi, der im Evangelium den Sinn seiner Sendung so zusammenfasst: „Ich bin gekommen, damit sie das Leben haben"; und der eigens noch hinzusetzt: „und es in Fülle haben" (Joh 10,10b). Gott will Leben für uns, für all seine Geschöpfe; und zwar nicht nur so ein bisschen, sondern Leben in Fülle, erfülltes Leben.

Und das ist der Wille Gottes von Anfang der Schöpfung an. Wir haben vorhin als Lesung die Schöpfungserzählung aus dem Buch Genesis gehört, wie wunderbar und vielfältig Gott alles geschaffen hat. Ich weiß, dass du, *N.*, wenn du in der Osternacht als Lektorin dran bist, immer bewusst und gern diese Lesung vortragen möchtest. Sie spricht dir aus dem Herzen. Die Welt, in der wir leben, das ist Gottes Schöpfung; von ihm dem Menschen anvertraut, dass er sie nutzt, bebaut und hegt – so ist das oft missverstandene „herrschen" und „sich die Erde untertan machen" in biblischem Sinn gemeint: leiten und führen wie ein guter Hirt, wie ein Treuhänder Gottes.

Bei den einzelnen Schöpfungstagen heißt es immer wieder: „Gott sah, dass es gut war" (Gen 1,12); und am Ende der sieben Tage, quasi als Fazit seines Schöpfungswerkes, steht dort: „Gott sah alles an, was er gemacht hatte: Es war sehr gut" (Gen 1,31a). Weil dein Mann, weil eurer Vater, Ihr Schwager und Onkel das auch so gesehen hat – nämlich, „dass es gut war" –, darum hat er sich eingesetzt, damit Gottes gute Schöpfung auch für kommende Generationen erhalten bleibt und von ihnen weiterhin als gut erfahren werden kann. Auf dieses Mitwirken an seiner Schöpfung wird Gott sicher mit Wohlwollen und Anerkennung schauen und ihn, so hoffen wir, teilhaben lassen an seiner neuen Schöpfung.

Am siebten Tag, heißt es im Buch Genesis, ruhte Gott (vgl. Gen 2,2). Diesen siebten Tag, in der christlichen Tradition den Sonntag, hat unser verstorbener Bruder im Glauben heiliggehalten, auch durch die regelmäßige Mitfeier der heiligen Messe. Unser christlicher Sonntag nimmt teil an dieser schöpferischen Ruhe Gottes, von der die Bibel spricht: als Tag der Muße, der Freiheit vom Zwang, arbeiten zu müssen, zur Begegnung mit anderen, zur Erhebung des Geistes, als Zeit mit und für Gott. So ist der Sonntag mit seiner Sonntagsruhe ein Vorausbild der ewigen Vollendung. In diesen ewigen siebten Tag, in diese Ruhe Gottes ist unser Verstorbener nun eingegangen.

Und diese ewige Ruhe, um die wir für unsere Verstorbenen beten, die ist alles andere als ein langweiliges, ödes Nichtstun, sondern nach vollbrachtem Werk dankbar auf das schauen dürfen, was geworden ist; das Genießendürfen der vollendeten, neuen Schöpfung. Und die wird noch viel herrlicher sein als Gottes wunderbare irdische Schöpfung: nämlich alles neu, wie der auferstandene Christus in der Offenbarung des Johannes sagt: „Seht, ich mache alles neu!" (Offb 21,5a) – ohne die Einschränkungen von Krankheit, Leid, Ungerechtigkeit, Tränen, Tod und Trauer, so verheißt uns die Heilige Schrift. In diesem neuen, vollendeten Leben dürfen wir *N. N.* jetzt wissen. Und das ist unser Trost.

Zu gerne hätten wir ihm hier auf Erden noch ein Mehr an Lebenstagen gegönnt; doch „du kannst dem Leben nicht mehr Tage geben", wie ein Sprichwort sagt, „aber deinen Tagen mehr Leben". Die Erdentage von *N. N.* waren erfüllt mit Leben, und darum war es trotz seines frühen Todes ein reiches, erfülltes Leben. Wir können unser Leben nicht verlängern, nur vertiefen können wir es.

Diese Tiefe verleiht der Glaube unserem Leben, wie Jesus im Evangelium sagt: „Ich gebe ihnen ewiges Leben" (Joh 10,28). Als Getaufte ist unser Leben umfangen vom Geheimnis Gottes, reicht es hinab bis zum Quell des Lebens, zu Gott selbst. Von ihm her wird deinem Mann, wird eurem Vater und Opa in Gottes neuer Schöpfung neues Leben erblühen: ewiges Leben.

Das Beste kommt zum Schluss

Ein ehemaliger Einzelhandelskaufmann und geschiedener siebenfacher Vater erlag mit 68 Jahren einem schon länger währenden Krebsleiden. Über seine Krankheit hat er nie geklagt, sondern versucht, zusammen mit seiner Lebensgefährtin, seinen Kindern und Enkelkindern das Beste aus der ihm noch verbleibenden Lebenszeit zu machen. Er hatte Freude am Leben und hat auch anderen zu einem guten Leben verholfen. Mit seiner großen Familie war er viele Jahre lang ein regelmäßiger, treuer Kirchgänger. Gegen Ende seines Lebens hat er sich mit seiner Kirche jedoch schwergetan.

Lesung: Jes 25,6a.7–9
Evangelium: Joh 15,1–11

Vor ein paar Jahren lief im Kino ein bemerkenswerter Film mit dem Titel „Das Beste kommt zum Schluss“. Jack Nicholson und Morgan Freeman verkörpern darin zwei sehr unterschiedliche krebskranke Männer, die sich im Krankenhaus kennenlernen und nach und nach anfreunden. Beiden bleibt nicht mehr viel Zeit zu leben. Und so erstellen sie eine Liste von Dingen, die sie noch machen oder erleben wollen, bevor sie „den Löffel abgeben“ – ihre sogenannte „Löffelliste“ –, und die sie dann in den verbleibenden Monaten gemeinsam abarbeiten.

In gewisser Weise erinnert mich dieser Filmplot an Ihren verstorbenen Vater. Nachdem bei ihm vor drei Jahren eine schwere Krebserkrankung festgestellt worden war, hat er die Zeit, die ihm noch geblieben ist, ganz bewusst genutzt. Er hat nie über seine Krankheit geklagt, sondern sie als etwas Gegebenes hingenommen und versucht, das Beste aus der verbleibenden Lebenszeit zu machen. So wie die beiden Protagonisten im Film.

Zusammen mit seiner Lebensgefährtin *N.*, die er vor vier Jahren, nach seiner Scheidung, kennengelernt hatte und mit der er durch ihre gemeinsamen Interessen eine schöne Zeit verlebt hat und die ihn auch die letzten Monate bis zu seinem Tod zu Hause gepflegt hat.

Auch zusammen mit seinen sieben Kindern und den beiden Enkelkindern hat er noch einmal eine intensive Lebenszeit verbracht: beim Wandern in der Natur, was er sein Leben lang geliebt hat, bei Ausflügen in den Bayerischen Wald, auf den Hirschenstein zum Beispiel, was für ihn immer ein wichtiger Platz gewesen war, weshalb Sie auch ein Bild davon auf sein Sterbebild haben drucken lassen; oder den Enkeln beim Skifahren zusehen, die sein Sonnenschein waren.

Die Familie war *N. N.* immer sehr wichtig gewesen, auch wenn er darin eben auch das schmerzhafte Scheitern der eigenen Beziehung erleben musste. Am *[Datum]* hat er alle seine Kinder noch einmal um sich versammelt, um sich bewusst von ihnen zu verabschieden. Wenige Tage später, am *[Datum]*, ist er im Alter von 68 Jahren daheim bei seiner Familie verstorben.

Liebe Familie *N.*, liebe Trauergemeinde, im Verlauf des erwähnten Films kommen die beiden Hauptpersonen auch über die Frage nach dem Tod ins Gespräch und über das, was danach kommt. Einer der beiden zitiert dabei eine orientalische Vorstellung von Tod und Jenseits: Wenn der Verstorbene nach seinem Tod im Jenseits ankommt und dort um Einlass bittet, so diese Vorstellung, dann werde man ihm zwei Fragen stellen, die den Ausschlag darüber geben werden, ob er dort aufgenommen wird. Nämlich: Hast du Freude am Leben gefunden? Und die zweite Frage: Haben andere durch dich ein schöneres Leben gehabt?

Diese Vorstellung trifft sich mit unserem christlichen Glauben über Tod, Gericht und ewiges Leben. In diesem Glauben war unser Verstorbener gut beheimatet, auch wenn er sich zuletzt mit seiner Kirche bisweilen schwergetan hat. Er war sein Leben lang ein lebendiger Zweig am Weinstock Christus, hat eine lebendige Beziehung mit ihm gepflegt und das auch nach außen hin gezeigt in der regelmäßigen Mitfeier der Gottesdienste. Der sonntägliche Kirchgang mit der ganzen Familie hat für ihn über weite Strecken seines Lebens fest dazugehört.

Das, was in diesen beiden Fragen anklingt, liegt ganz auf der Linie dessen, was Jesus verkündet hat. Er fasst seine Sendung ja einmal in dem zentralen Satz zusammen: „Ich bin gekommen, damit sie das Leben haben und es in Fülle haben" (Joh 10,10b). Und auch im Evangelium vom Weinstock, das wir gerade gehört haben, klingt das an, wenn Jesus dort sagt: „Dies habe ich euch gesagt, damit meine Freude in euch ist und damit eure Freude vollkommen wird" (Joh 15,11).

Es ist der Wille Gottes, dass wir Freude am Leben haben – dazu hat er uns das Leben geschenkt –, dass wir ein erfülltes Leben haben. Solche Lebenserfüllung hat unser Verstorbener in seinem Beruf gefunden.

Als einziger Sohn des *N.*er Kaufmannsehepaars *N.* ist er nach seiner Schulzeit ins Geschäft seiner Eltern mit eingestiegen. Mitte der 1970er-Jahre ist er dann zum Versandhaus *N.* gewechselt, wo er als Bezirksleiter die *N.*-Niederlassungen und Sammelbesteller im Außendienst betreut hat. Ein wichtiger Beweggrund, sich gegen die Weiterführung des eigenen Ladens zu entscheiden, war für unseren Verstorbenen der Wunsch, mehr Zeit für die Familie zu haben.

In der Familie nämlich lag für *N. N.* ein ganz wichtiges Stück Lebenserfüllung: bei gemeinsamen Ausflügen, seinen Kindern etwas zeigen und ihnen für ihren Lebensweg mitgeben können, damit aus ihnen vernünftige Erwachsene werden. Daneben war sportliche Betätigung für Ihren Vater stets eine Quelle von Lebensfreude: beim Wandern, beim Nordic Walking, beim Radfahren, in den Bergen und im Schnee.

Diese erste Frage können wir für *N. N.* wohl mit einem klaren Ja beantworten. Ja, er hat Freude am Leben gefunden. Er hat ein erfülltes Leben gehabt, auch wenn ihm kein langer Lebensabend vergönnt war. Er hat das selbst so ins Wort gebracht, wie Sie mir erzählt haben. Seine letzten Worte, mit denen er gestorben ist, waren: „Es war schön."

Und auch die zweite Frage aus dem Gespräch der beiden Hauptdarsteller im Film, die über die Aufnahme ins ewige Leben entscheiden wird, entspricht dem, was Jesus verkündet hat: Haben andere durch dich ein schöneres Leben gehabt? In seinem großen Gleichnis vom Weltgericht macht Jesus genau das zum Kriterium für unsere Aufnahme ins Himmelreich: „Was ihr für einen meiner geringsten Brüder getan habt, das habt ihr mir getan" (Mt 25,40a). Was wir in unserem Leben anderen Gutes getan haben, das wird darüber entscheiden, ob wir Anteil am ewigen Leben erlangen.

Dass Sie um Ihren Vater und Opa, um Ihren Lebensgefährten trauern, das zeigt, dass er Ihnen als Mensch gutgetan hat. Vor allem als Familienvater, in seinem Dasein für seine Kinder, die er alle gleich behandelt hat und die sein wichtigster Lebensinhalt waren, hat er diese Liebe zum Nächsten verwirklicht. Auch wenn es in seinem Leben auch Scheitern und Versagen in der Liebe zum Nächsten gegeben haben mag, wie das wohl bei fast allen Menschen der Fall sein wird, dürfen wir deshalb zuversichtlich sein, dass Gott ihn zu sich in die Ewigkeit aufnehmen wird, dass er ihm Einlass gewähren wird in die ewigen Wohnungen im Himmel.

Denn wenn Gott für uns Leben in Fülle will, dann kann das doch nicht an der Grenze unseres leiblichen Todes enden. Damit unsere Freude vollkommen sei, wie Jesus sagt, ist uns die ewige Freude im Himmel verheißen. Ein neues Leben, in dem es keinen Schmerz mehr gibt, kein Leid, keine Trauer und Klage mehr; ein Fest ohne Ende, wie es der Prophet Jesaja in der Lesung ausmalt. Das ist es, was am Ziel unseres Lebens auf uns wartet.

Eine Ordensschwester, von der ich gelesen habe, hat das auf wunderbare Weise erfasst. Auf ihrem Sterbebett hat sie sich von ihren Mitschwestern einen Dessertlöffel bringen lassen. Ihre Mitschwestern waren erstaunt über diesen seltsamen Wunsch, aber sie haben ihn ihr erfüllt. Ihr Leben lang hatte diese Schwester beim Essen besonders die Nachspeisen geliebt. Und wenn daher bei Tisch ein Dessertlöffel mit aufgedeckt war – so hat sie ihren Mitschwestern nun erklärt –, dann wusste sie: Das Beste kommt noch. Daran sollte sie der kleine Löffel auch jetzt bei ihrem Sterben erinnern: Das Beste kommt noch.

Das dürfen wir von unserem Glauben her auch für Ihren Vater und Lebensgefährten glauben, nachdem sein Leben hier zu Ende gegangen ist. Sein Leben hier war noch nicht alles. Das Beste kommt erst noch. Christus, mit dem er durch die Taufe und ein gläubiges Leben verbunden war wie die Rebe am Weinstock, wird ihn zu sich aufnehmen zum Festmahl des ewigen Lebens, so dass sich für sein Leben bewahrheitet, wie es der Titel unseres Films andeutet: „Das Beste kommt zum Schluss.“

Kurzansprachen zur Aussegnung

Das letzte Wort
Tod im Alter – Allgemein

Schriftlesung: Offb 1,9–11a.12–13a.16c–18; 2,10c

Letzte Worte eines Menschen vor seinem Tod haben für uns Gewicht. Wenn ein Mensch gestorben ist, dann fragen wir gerne: Was waren seine letzten Worte? Wann bin ich ihm zum letzten Mal begegnet? Was haben wir dabei gesprochen? Ich weiß nicht, ob Sie diese Fragen im Blick auf Ihre verstorbene Mutter, Ihre Schwiegermutter, Oma und Uroma beantworten können. Solch letzte Worte eines Menschen prägen sich ein. Sie bleiben in Erinnerung, oft nach Jahren noch.

Das letzte Wort, so besagt eine Lebensweisheit, hat immer der Tod. Auf alles Lebendige wartet am Ende der Tod. An ihm kommt keiner vorbei. Wir alle gehen unausweichlich dem Tod entgegen.

Aber in jedem Satz kommt nach dem letzten Wort noch etwas: das Satzzeichen nämlich. Und oft genug gibt erst das dem ganzen Satz seinen Sinn. Ob da zum Beispiel hinter dem letzten Wort ein Fragezeichen steht oder ein Punkt. Was von unserer Sprache gilt, so sagt uns unser Glaube, das trifft auch auf unser Leben zu: Der Tod ist nicht das Letzte. Dahinter stehen als Zeichen das Kreuz und die Osterkerze: als Zeichen der Auferstehung. Sie verleihen unserem Leben und Sterben seinen Sinn.

Seit Ostern, seit der Auferstehung Jesu, hat der Tod nicht mehr das letzte Wort. Das letzte Wort hat Gott behalten. Und sein Wort für uns ist: Leben. So wie wir es eben in der Lesung gehört haben: „So spricht er, der Lebendige: Ich war tot, doch nun lebe ich in alle Ewigkeit, und ich habe die Schlüssel zum Tod und zur Unterwelt. … Sei treu bis in den Tod, dann werde ich dir den Kranz des Lebens geben" (Offb 1,18; 2,10).

Gott will für uns Leben. Nichts anderes als Leben, auch durch den Tod hindurch. Da dürfen wir ihn beim Wort nehmen. An dieses Wort des Lebens, das er Ihrer verstorbenen Mutter bei ihrer Taufe zugesprochen hat, dürfen wir Gott heute erinnern. Er möge an ihr sein Wort des Lebens einlösen. In dieser gläubigen Zuversicht wollen wir heute von *N. N.* Abschied nehmen.

Schlafes Bruder

Tod im Alter – Allgemein

Schriftlesung: Dan 12,1–13

Wenn wir vom Sterben reden, dann sagen wir manchmal auch, dass jemand entschlafen ist. Woher dieser Ausdruck rührt, das sehen wir ganz anschaulich am Sterben Ihrer Ehefrau und Mutter, Ihrer Schwiegermutter und Oma. Am Samstag, in den frühen Morgenstunden, ist *N. N.*, zwar schon von manchen altersbedingten Krankheiten angeschlagen, aber doch für alle überraschend, im Schlaf aus diesem Leben in die Ewigkeit hinübergeglitten. Friedlich schlafend ist sie im Alter von 86 Jahren gestorben; sie hat wohl selbst gar nichts davon mitbekommen. Sie ist buchstäblich entschlafen.

Die Dichter bezeichnen den Tod deshalb als „Schlafes Bruder". Und auch in der Lesung eben ist das angeklungen, wenn es dort von den Toten heißt: „Die im Land des Staubes schlafen …" (Dan 12,2). Zwischen Tod und Schlaf gibt es eine enge Verwandtschaft. Jeden Abend, wenn wir uns schlafen legen, kommt unser bewusstes Denken und Handeln zum Erliegen; wir gleiten hinüber in das unbewusste Reich der Träume. Wir müssen beim Einschlafen jegliches selbstbestimmte Handeln loslassen und uns den Mächten von Schlaf und Finsternis überlassen. Wir tun es Abend für Abend beim Schlafenlegen in dem Vertrauen, dass wir am nächsten Morgen frisch gestärkt in einen neuen, mit Leben erfüllten Tag hinein erwachen werden.

Was wir vom Nachtschlaf her kennen, das dürfen wir auch in Bezug auf den Todesschlaf erhoffen: dass wir auch dort, wenn wir uns im Sterben ganz Gott überlassen, aus der Nacht des Todes erwachen werden hinein in den Morgen eines neuen Lebens. So wie es schon im Buch Daniel aus dem Alten Testament anklingt: „Von denen, die im Land des Staubes schlafen, werden viele erwachen … zum ewigen Leben" (Dan 12,2).

Mit der Auferstehung Christi ist uns diese Hoffnung noch sicherer geworden, von Gott selber bestätigt. In dieser gläubigen Zuversicht, dass sie aus dem Schlaf des Todes in den Ostermorgen der Auferstehung hinein erwachen wird, nehmen wir heute Abschied von *N. N.*

Lebenserwartung
Tod im Alter – Allgemein

Schriftlesung: Tit 2,11–14

Jedes Jahr erfasst das Bundesinstitut für Bevölkerungsforschung die statistische Lebenserwartung von uns Deutschen. Das suggeriert, dass wir die Erwartung, die ein Mensch an das Leben hat, messen und durch eine bestimmte Zahl von Lebensjahren angeben können. Am Alter eines Menschen machen wir nicht selten fest, ob jemand ein schönes Leben hatte. Wir urteilen über einen viel zu frühen Tod, und wenn ein Mensch hochbetagt stirbt, dann sagen wir: Was soll man in dem Alter noch groß erwarten?

Doch Lebenserwartung, was ein Mensch also vom Leben erwarten darf, das erschöpft sich nicht in der Zahl seiner Lebensjahre, das ist weit mehr als eine Zahl von Jahren, auf die ein Mensch an Lebenszeit durchschnittlich hoffen darf. Das hat mit Qualität des Lebens zu tun. Ob die erlebten Jahre erfüllte Lebensjahre waren. Ob jemand einen Sinn in seinem Leben erfahren hat. Die Dinge, die unser Leben wirklich reich machen: gute Beziehungen, eine sinnvolle, erfüllende Aufgabe, Zufriedenheit und Wohlergehen in und mit den äußeren Lebensumständen.

Wenn wir in dieser Weise auf das Leben Ihrer Ehefrau und Mutter schauen, Ihrer Schwiegermutter und Oma, Ihrer Schwester, Schwägerin und Tante, ich denke, dann dürfen wir sagen, dass es bei allem Auf und Ab ihres Lebens erfüllte 80 Jahre gewesen sind, die unsere Verstorbene verleben durfte.

Und für *N. N.* als gläubige Christin dürfen wir beim Thema Lebenserwartung noch etwas Entscheidendes hinzufügen, nämlich das, was der Apostel Paulus in der Lesung an seinen Schüler Titus schreibt: dass wir für sie die „selige Erfüllung unserer Hoffnung" (Tit 2,13) erwarten dürfen, das ewige Leben in der Herrlichkeit Gottes. In dieser Hoffnung auf ein Plus an Leben, über diese irdische Lebenszeit hinaus, empfehlen wir sie heute Christus. Denn das ist unsere tiefste und letzte Lebenserwartung.

Wie Schiffe am Horizont

Tod nach einer längeren Phase der Demenz

Schriftlesung: Jer 29,11–14b

Das Sterben bei Ihrem Ehemann und Vater, Ihrem Schwiegervater und Opa war ein langsames Immer-weiter-Weggehen von uns. Nach einem leichten Schlaganfall vor zweieinhalb Jahren hatte sich bei ihm eine Demenz eingestellt, woraufhin sich der Ihnen und uns vertraute Mensch *N. N.*, sein gewohntes Wesen, seine Charakterzüge immer mehr entfernt und aufgelöst haben. Auch die lange Phase der Pflegebedürftigkeit seither hat ihn Stück für Stück von uns entfernt. Am Freitag hat ihn der Tod endgültig von uns fortgenommen, nachdem in der Nacht davor im gleichen Krankenhaus seine zweite Urenkelin zur Welt gekommen war. Ja, so ist das Leben: Geborenwerden und Sterben; Leben kommt und Leben geht.

Für die Hinterbliebenen ist so ein langsames Weggehen in den Tod wie bei unserem verstorbenen Bruder, wie wenn wir am Ufer des Meeres stehen und einem Schiff hinterherschauen, wie es hinausfährt aufs offene Meer, sich dabei mehr und mehr entfernt und immer kleiner wird, bis es schließlich hinter dem Horizont verschwindet. Dann haben die Zurückbleibenden das Gefühl und sagen es vielleicht auch so: Jetzt ist das Schiff weg.

In Wirklichkeit aber fährt das Schiff natürlich auf dem Meer weiter. Es ist nur den Blicken der Zurückbleibenden entzogen. Und irgendwo am anderen Ufer des Meeres steht vielleicht auch jemand und schaut aufs Meer hinaus. Er sieht das gleiche Schiff am Horizont auftauchen und freut sich: Da kommt das Schiff ja endlich!

So dürfen wir als Glaubende auch unseren Tod verstehen. Ihr Ehemann und Vater ist nicht weg, sondern nur unseren Blicken entzogen. Am anderen Ufer dieser irdischen Wirklichkeit steht Christus und hält nach ihm Ausschau. Er wartet dort schon auf ihn, dass das Schifflein seines Lebens endlich ankommt im Hafen der Ewigkeit. Und er wird ihn dort empfangen: Da bist du ja endlich, mein geliebter Sohn!

Der Blick nach oben

Tod im Advent

Schriftlesung: Lk 21,25–28.34–36

Dieses Evangelium haben wir am vergangenen Sonntag in der Messe gehört, zum Beginn des Advents. „Richtet euch auf und erhebt eure Häupter, denn eure Erlösung ist nahe" (Lk 21,28), so hören wir darin als zentrale Aussage aus dem Mund Jesu. Ein Sinnspruch, der wohl von diesem Wort aus der Heiligen Schrift inspiriert ist, hing die letzten Jahre als antikes Hinterglasbild über dem Bett unserer Verstorbenen, in dem kleinen Wohnbereich, den Sie, liebe Familie *N.*, Ihrer Mutter, Schwiegermutter und Oma in den letzten Jahren in Ihrem Haus eingerichtet hatten; unter dem Bild mit diesem Spruch ist sie auch gestorben: „Wenn des Lebens Stürme toben, richte deinen Blick nach oben." Mit diesem Spruch sind wir ganz nahe am Aufruf Jesu im Evangelium: „Richtet euch auf und erhebt eure Häupter!" (Lk 21,28). Denn von oben, vom Himmel, kommt unsere Erlösung.

Dieses Wort weist heute unserem Suchen und Fragen die Richtung. *N. N.* hat ihr Leben lang mit diesem Blick nach oben, auf Gott hin, gelebt – nicht nur in den Stürmen des Lebens, die es bei ihr auch gab, sondern auch sonst, in einem alltäglichen, gläubigen Leben.

Wie es auch der andere Sinnspruch über ihrem Sterbebett auf dem Hinterglasbild daneben zum Ausdruck bringt: „Mit Gott fang an, mit Gott hör auf, das ist der rechte Lebenslauf." Nach dieser Maxime hat unsere verstorbene Schwester im Glauben ihr Leben gestaltet.

So dürfen wir zuversichtlich glauben, dass ihr Weg bei ihrem Sterben nach oben geführt hat: in die ewige Gemeinschaft mit Gott; dass für sie die verheißene Erlösung nun Wirklichkeit geworden ist. Nicht nur die Erlösung von Krankheit und Leid, sondern mehr noch die Erlösung hinein in ein ewiges, vollendetes Leben bei Gott. Wir dürfen glauben, dass ihr Lebenslauf, den sie von Gott umfangen bestritten hat, mit dem sie alles begonnen und aufgehört hat, dass dieser Lebenslauf im Tod nicht einfach aufgehört hat, sondern sie ihren Lauf nun in Gott vollendet hat und jetzt auf ewig bei ihm sein darf.

Hinabgestiegen in das Reich des Todes

Tod in den Kartagen

Schriftlesung: 1 Petr 3,18–22

Der Karsamstag erscheint vielen Menschen als gottesdienstfreier Zwischentag, zwischen den großen Feiertagen Karfreitag mit dem Gedenken an Jesu Kreuzestod und dem Ostersonntag der Auferstehung. Die Kirche feiert heute keine Eucharistie, weil ihr der Bräutigam Christus durch den Tod genommen ist.

Dennoch hat auch der Karsamstag sein eigenes Gedenken im Zusammenhang der Drei Österlichen Tage. Die Kirche verweilt heute am Grab Jesu. Sie bedenkt heute in besonderer Weise, was wir jedes Mal im Credo von Christus bekennen: „hinabgestiegen in das Reich des Todes". Das ist das Glaubensgeheimnis des Karsamstags. So wie wir im Verlauf unseres Lebens manche Hoffnung, manche Pläne begraben müssen, wie man uns am Ende unseres Lebens selbst in ein Grab legen wird, so wurde auch Jesus in einem Grab bestattet. Auch das wollte er mit uns teilen. In seinem Tod ist Christus in die Unterwelt hinabgestiegen, in das Reich des Todes, um von dort die Toten der Auferstehung entgegenzuführen.

Die Osterikone der Ostkirchen stellt genau diese Szene dar: das Totenreich, in dem die Verstorbenen auf den Erlöser warten. Machtvoll hat sich Christus Zutritt ins Totenreich verschafft. Das Tor, das es verschlossen gehalten hatte, ist aufgesprengt. Zu seinen Füßen liegen die Türflügel und die zerbrochenen Riegel und Schlösser. Und Christus fasst Adam bei der Hand und hinter ihm her eine lange Menschenkette von Verstorbenen und führt sie aus dem Tod heraus, dem Himmel entgegen.

In dieses Reich des Todes ist heute, am Morgen des Karsamstags, auch Ihr Ehemann und Vater eingetaucht – nach einer schweren Phase des Ankämpfens gegen seine Krankheit und nachdem wir ihn gestern in der Krankensalbung für diesen Weg ganz bewusst der Führung Christi anvertraut haben. Genau in jenen Tagen also ist *N. N.* gestorben, die dem liturgischen Gedenken der Geschehnisse um Jesu Tod und

Auferstehung geweiht sind, dem Zentrum jenes Glaubens, der unserem verstorbenen Bruder viel bedeutet und sein Leben geprägt hat.

Wenn wir heute, am Karsamstag, den Abstieg Christi ins Totenreich bedenken, dann dürfen wir deshalb glauben, dass unser Verstorbener bei seinem Eintauchen in das Reich des Todes dort Christus angetroffen hat. Christus nimmt Ihren Ehemann, Ihren Vater und Schwager jetzt bei der Hand und wird ihn in der Osternacht, dieser heiligen Nacht der Auferstehung, mit sich nehmen, hinein in das ewige Leben.

Aufgeschreckte Seelen
Plötzlicher Tod in jungen Jahren

Schriftlesung: Joh 10,11–15

Sichtlich geschockt stehen Sie als Familie vor dem Sarg Ihrer Ehefrau und Mutter, Ihrer Schwester und Schwägerin. Und uns allen steckt der Schock über den so plötzlichen und frühen Tod von *N. N.* ebenfalls in den Knochen. Ein Sekunden-Herztod hat sie gestern Vormittag während der Hausarbeit ereilt.

Wie ein reißendes Tier ist der Tod in Ihre Familie, in Ihre Nachbarschaft, in unsere Dorfgemeinschaft eingebrochen und hat einen geliebten und äußerst geschätzten Menschen aus unserer Mitte fortgeholt, ihn regelrecht fortgerissen. Wie ein Wolf, der ein Schaf aus der Herde reißt, wie es Jesus im Evangelium vergleicht. Unsere Seelen sind immer noch aufgeschreckt wie eine auseinandergesprengte Schafherde. Wir hadern mit diesem grausamen Schicksal und fragen: Warum musste der Tod bei *N. N.* so früh kommen? Und warum auf so plötzliche Weise? Doch auf diese Fragen gibt es für uns keine Antwort.

Wir Menschen fliehen deshalb vor dem Tod, diesem reißenden Wolf. Einer aber hält stand und stellt sich ihm in den Weg: Jesus, der gute Hirt. Er hat am Kreuz sein Leben für uns hingegeben, damit wir im Tod nicht untergehen.

Diesem guten Hirten unserer Seelen ist unsere Verstorbene mit ihrem Leben gefolgt. Sie hat ein feines Gehör gehabt für seine Stimme und hat sich von ihm führen lassen. Ich bin zuversichtlich, dass er sie deshalb als eine der Seinen erkennen wird und sie nicht im Stich lassen wird im Angesicht des Todes. Er wird sie verteidigen gegen die bösen Mächte des Todes, damit sie darin nicht untergeht. Wie ein guter Hirt sein Schaf wird er sie herauslösen aus dem Dickicht des Todes, sie auf seinen Schultern liebevoll und behutsam heimtragen und sie auf die gute Weide ewigen Lebens führen. Das darf uns Trost sein bei allem Schmerz, der auf unserer Seele lastet.

Letzter Gruß

Plötzlicher Tod im Alter

Schriftlesung: Lk 24,46–53

Am Freitag auf dem Weg zur Messe im Seniorenheim bin ich – wie so oft – kurz bei Ihrem Haus in der *N.*-Straße stehen geblieben zu einer kurzen Unterhaltung über den Gartenzaun hinweg, wo Sie, Herr *N.*, mit Ihrer Frau auf der Bank vor dem Haus gesessen sind. Auf dem Rückweg, als Sie immer noch dasaßen, bin ich mit einem kurzen Gruß vorbeigegangen. Im Nachhinein wird einem nun bewusst: Das war die letzte Begegnung mit einem Menschen, den man gekannt hat, der letzte Gruß.

Ihnen, liebe Angehörige, ist nicht einmal die Gelegenheit zu einem letzten Gruß geblieben, um sich zu verabschieden von Ihrer Frau, Ihrer Mutter und Schwiegermutter, Ihrer Oma, Schwester, Schwägerin und Tante. So schnell ist sie am Sonntagnachmittag gestorben – ein plötzlicher Herztod zu Hause auf der Couch vor dem Fernseher. So müssen wir sie in diesen Tagen zu Grabe tragen.

„Letzter Gruß" – so steht bei Beerdigungen oft auch auf Kranzschleifen zu lesen. Doch als Christen haben wir im Angesicht des Todes mehr zu sagen als nur einen letzten Gruß, ein trauriges Hinterherwinken. Aus dem Evangelium haben wir eben gehört, wie Jesus sich von den Seinen verabschiedet und in den Himmel auffährt. Auch er erhebt die Hände. Aber nicht nur zu einem letzten Gruß. Es heißt: Er segnete sie (vgl. Lk 24,50). Er lässt bei seinem Abschied Segen zurück – göttliche Lebenskraft, Zusage von Heil – und eröffnet auf diese Weise Zukunft.

Und in der Apostelgeschichte erzählt Lukas, wie Boten Gottes den zurückbleibenden Jüngern deshalb ausrichten: „Was steht ihr da und schaut zum Himmel empor? Dieser Jesus, der von euch ging und in den Himmel aufgenommen wurde, wird ebenso wiederkommen, wie ihr ihn habt zum Himmel hingehen sehen" (Apg 1,11).

Das dürfen wir auch für unsere Verstorbene so sehen. *N. N.* ist bei ihrem Tod nicht einfach von uns gegangen, sie ist zum Himmel hingegangen. Und von dort her, von Christus her, ist ihr Zukunft verheißen: ewiges Leben. Wir Zurückbleibenden dürfen uns deshalb wie die Jünger bei der Himmelfahrt Jesu trösten mit einem Wiedersehen. So schreiben wir deshalb zu Recht auf Todesanzeigen und Sterbebilder: „Auferstehung ist unser Glaube, Wiedersehen unsere Hoffnung, Gedenken unsere Liebe.“ Deshalb senden wir Ihrer verstorbenen Ehefrau und Mutter heute keinen letzten Gruß hinterher, sondern rufen ihr zu: „Bis dann!“

Ein Ende mit Schrecken?

Tod eines alkoholkranken Junggesellen

Schriftlesung: Offb 21,1–7

Die Lesung, die wir gerade gehört haben, ist aus dem letzten Buch der Bibel genommen, der Offenbarung des Johannes oder wie es auch genannt wird: der Apokalypse. Dieser Name ist zu einem Synonym geworden für ein Schreckensbild. Enthält doch dieses letzte Buch der Bibel tatsächlich schreckliche Visionen vom Untergang der Welt. Ein Buch – so ist der vorherrschende Eindruck – mit sprichwörtlich gewordenen apokalyptischen Schrecken.

Doch am Ende dieses oft so düsteren Buches stehen jene tröstlichen Zeilen, die wir gerade gehört haben. In seiner Herzmitte trägt dieses letzte Buch der Bibel ein Hoffnungsbild. So dunkel, so schwer, so schrecklich es in diesem apokalyptischen Buch auch zugehen mag, am Ende bricht unaufhaltsam und strahlend die neue Welt Gottes hervor; nichts und niemand wird sie aufhalten. Das dürfen wir im übertragenen Sinn auch für Ihren verstorbenen Sohn, Ihren Neffen und Nachbarn erhoffen.

Das Leben von *N. N.* hat ein Ende mit Schrecken genommen – mit 51 Jahren nur, innerlich aufgezehrt von Krankheit, unter verheerenden äußeren Umständen –, ein Ende, zu dem er wohl durch seine Lebensgewohnheiten selbst einiges beigesteuert hat, dass es so gekommen ist. Soweit wir in ein Menschenleben hineinschauen können, war es wohl auch ein Leben mit einigen Belastungen. *N. N.* hat das, was seine Sehnsucht nach Leben gestillt hätte, nicht gefunden. Und das, womit er diese verborgene Sehnsucht gestillt hat – der Alkohol –, das hat ihm das Leben verkürzt und genommen.

Doch als Christen, von unserem Glauben her, dürfen wir durch all das Unfertige eines Lebens hindurch, durch seine Brüche und Umbrüche, auch durch die Schrecken, die über einem Leben liegen mögen, auf die Hoffnung schauen, die uns erfüllt. So wie die Apokalypse, das letzte Buch der Bibel, nach all ihren Schreckensvisionen am Ende dieses hoffnungsvolle Bild zeichnet, das wir in der Lesung gehört haben: Ein neuer Himmel und eine neue Erde warten auf uns, wo kein Tod, keine Trauer, keine Klage und keine Mühsal mehr sein werden, denn Gott macht alles neu. Aller Lebensdurst wird dann bei Gott gestillt sein. Alles Unfertige und Bruchstückhafte wird er ganz machen. Das dürfen wir auch für unseren Verstorbenen erhoffen. Darum beten wir heute für ihn.

Du zeigst mir die Wege zum Leben

Tod durch Verkehrsunfall

Schriftlesung: Apg 2,14.22b–28

Tag für Tag sind wir unterwegs auf den Straßen des Lebens, um unserer Arbeit nachzugehen, für Erledigungen und Besorgungen. Darum reden wir im Blick auf unser Leben auch gern von unserem Lebensweg. Dabei sehen wir immer nur ein kurzes Stück dieses Weges vor uns, die nächsten paar Schritte sozusagen. Was hinter der nächsten Wegbiegung auf uns wartet, wissen wir nicht.

Für *N. N.* hat am Mittwoch buchstäblich hinter der Kurve der Tod gelauert. Aller Wahrscheinlichkeit nach ist er auf der kurvigen Straße nach *N.*, von der Sonne geblendet, auf die Gegenfahrbahn geraten und dort mit dem entgegenkommenden Schulbus zusammengestoßen. Der Aufprall war so unglücklich, dass er sofort tot war. Zum Glück in dem traurigen Unglück ist den Kindern und dem Busfahrer bis auf einige Prellungen, Platzwunden und einen gehörigen Schrecken nichts Ernstliches passiert.

Dass das Leben bei Ihrem Ehemann und Vater, Ihrem Schwiegervater, Opa und Onkel mit seinen 82 Jahren eine so dramatische Wendung nehmen würde, dass sein Lebensweg so abrupt enden würde, das hatte sich niemand ausgemalt. Wenn man so plötzlich und unvorbereitet von einem lieben Menschen Abschied nehmen muss, dann trifft das besonders hart. Sein Tod ist für Sie als Angehörige ein Schock.

Als Glaubende finden wir bei dieser schmerzlichen Erfahrung Trost in der Hoffnung, dass der Tod für uns nicht einfach das Ende ist, dass unser Weg hinter dem Horizont unseres Sterbens weitergeht. Wenn unser Lebensweg in den Tod einbiegt, so sagt uns unser Glaube, dann wartet dahinter das Leben auf uns: neues, ewiges Leben bei Gott. Gott wendet unser Geschick (vgl. Jer 29,14), so hat uns Gott schon durch den Propheten Jeremia ausrichten lassen.

In seiner Pfingstpredigt, aus der wir gerade ein Stück gehört haben, zitiert Petrus ein tröstliches Wort aus den Psalmen, das auch in diese Richtung weist: „Du, Herr, zeigst mir die Wege zum Leben"

(Apg 2,28). Dieses Wort dürfen wir heute auf unseren Verstorbenen, *N. N.*, beziehen. Er ist sein Leben lang auf diesem Weg gegangen, den Christus uns zeigt. Darum dürfen wir voller Zuversicht sein, dass hinter dieser dramatischen Wendung, die sein Leben am Mittwoch genommen hat, das Leben auf ihn wartet; dass sein Lebensweg nun eingebogen ist, eingemündet ist in das neue Leben, das Christus uns in seiner Auferstehung erschlossen hat.

Nicht tiefer als in Gottes Hände

Tod unter unklaren Umständen

Schriftlesung: Weish 5,15–16

Das hätte sich wohl niemand träumen lassen, dass Ihre Mutter, Ihre Schwiegermutter, Oma und Tante nach einem langen, arbeitsamen und frommen Leben von 90 Jahren am Ende auf so tragische Weise aus dem Leben scheiden würde.

Sie muss wohl in der Nacht zum Donnerstag wach geworden sein und dabei auf dem Weg durch ihr Schlafzimmer, leicht verwirrt wie sie zuletzt gewesen ist, die Tür mit dem Fenster verwechselt haben und ist so aus dem ersten Stock ihres Hauses in *N.* in den schneebedeckten Garten gestürzt. So haben Sie, Frau *N.* und Herr *N.*, Ihre Mutter und Tante gefunden. Wenige Stunden später ist sie infolge der erlittenen Verletzungen gestorben. Ein plötzliches und dramatisches Lebensende.

Angesichts ihrer Todesumstände drängt sich mir der geistliche Sinnspruch auf, wonach ein Mensch nicht tiefer fallen kann als in die Hände Gottes – auch im Tod nicht. In seiner Hand ruht unser Leben. Das ist unsere Hoffnung, aus der auch Ihre Mutter gelebt hat. In Gottes bergenden Händen dürfen wir sie jetzt wissen. Denn *N. N.* ist ihr Leben lang ganz eng an seiner Hand gegangen. Und Gott ist treu. So wird er sie auch im Tod nicht aus seiner Liebe herausfallen lassen.

Unsere Verstorbene hat den seltenen Vornamen Theodora getragen, zu Deutsch: Gabe Gottes, Geschenk Gottes. Und so wie ich sie kennengelernt habe, war sie das auch: ein Geschenk Gottes. Von ihrer Namenspatronin, der seligen Theodora, heißt es in der Lebensbeschreibung, dass sie als Witwe ins Kloster gegangen ist und dort nach einem Leben vorbildlicher Frömmigkeit, Bedürfnislosigkeit und Dienstbereitschaft gestorben ist. Ich glaube, in diesen Charakterisierungen der seligen Theodora sehen wir auch das Leben unserer verstorbenen Schwester aufleuchten. Damit ist auch die Summe ihres Lebens eingefangen. Deshalb dürfen wir zuversichtlich sein, dass auch für sie gilt, was wir eben in der Lesung gehört haben: „Die Gerechten leben in Ewigkeit, … sie werden aus der Hand des Herrn das Reich der Herrlichkeit empfangen" (Weish 5,15.16a).

Herr, wärst du hier gewesen …
Tod durch Suizid

Schriftlesung: Joh 11,17.20a.21–27

„Herr, wärst du hier gewesen, dann wäre mein Bruder nicht gestorben" (Joh 11,21), so sagt Marta im Evangelium. So ein vielfaches „wäre …, hätte …, wenn …" treibt auch Sie, liebe Familie *N.*, seit gestern um. Darum kreisen Ihre Gedanken und Gefühle. Was hat Ihrer *N.* in der Nacht zum Freitag innerlich so zugesetzt, dass sie nicht mehr weiterleben mochte? Was hat sie so hoffnungslos werden lassen, so ohne Perspektive für sich selbst, dass sie den Schritt auf die Bahngleise getan hat? Und: Wäre dieser verzweifelte Schritt irgendwie aufzuhalten gewesen? Hätte man sie von dieser Verzweiflungstat abhalten können, wenn …? Ja, liebe Trauergemeinde, wenn was …? Was hätte es verhindern können? Wir wissen es nicht. Die Frage nach dem Warum wird wohl im Dunkeln bleiben.

Auch Marta im Evangelium bekommt keine Antwort auf die Frage, ob der Tod ihres Bruders Lazarus tatsächlich zu verhindern gewesen wäre, wäre Jesus hier gewesen. Aber Jesus macht ihr in ihre Trauer hinein eine große Zusage. Er klärt nicht rückwärtsgewandt die Frage nach dem Warum, aber er erhellt Marta den Blick nach vorne, die Frage nach dem Wohin: „Dein Bruder wird auferstehen" (Joh 11,23). Und dann sagt Jesus zu Marta jene Sätze, die so etwas wie das Evangelium im Evangelium sind, die grundlegende Hoffnungsbotschaft für uns alle im Angesicht des Todes: „Ich bin die Auferstehung und das Leben. Wer an mich glaubt, wird leben, auch wenn er stirbt" (Joh 11,25). Das sagt Christus heute auch Ihnen im Blick auf Ihre *N.*

Das nimmt uns nicht die Not dieser schlimmen Tage, das nimmt den Schmerz der endgültigen Trennung nicht weg, das löscht die Härte Ihrer Trauer nicht aus, aber es sagt uns in all das hinein: Ihre Tochter, eure Schwester, Enkelin, Nichte und Freundin ist dennoch nicht verloren. Von Christus her, an den sie geglaubt hat, dürfen wir ihr zusagen: Du wirst leben, auch wenn du gestorben bist.

Verzeichnis der verwendeten Schriftstellen

Dominik Daschner

DAMIT SIE DAS LEBEN HABEN

Ansprachen zur Bestattung

168 Seiten, kartoniert
ISBN 978-3-7917-2387-7

Die Ansprachen verbinden konkrete Lebensgeschichten mit der Botschaft vom ewigen Leben. So gelingt eine lebendige, zeitgemäße Verkündigung als ein Stück Lebensdeutung. Es liegen Sterbefälle zugrunde, wie sie in der Praxis des Seelsorge-Alltags immer wieder vorkommen.

Manfred Hanglberger

TRAUERGEBETE, TRAUERANSPRACHEN

Texte am Sterbebett, für Trauerandachten und Beerdigungen

4., erweiterte Auflage
112 Seiten, kartoniert
ISBN 978-3-7917-2886-5

Das erfolgreiche Buch liefert spirituelle und praktische Hilfen für die Gestaltung von Gebetszeiten und Gottesdiensten bei Trauerfällen. Die sensibel formulierten Texte zeige die große seelsorgliche und familientherapeutische Erfahrung des Autors.

VERLAG FRIEDRICH PUSTET

Verlag Friedrich Pustet
Unser komplettes Programm unter:
www.verlag-pustet.de

Tel. 0941 / 92022-0
Fax 0941 / 92022-330
bestellung@pustet.de